KB023959

**001**

팸플릿 001

우리가 몰랐던 전기 이야기

# 착한 전기는 가능하다

하승수 지음

한티재

이 책을, 2012년 1월 16일 경남 밀양시 산외면 보라마을에서 "오늘 내가 죽어야 문제가 해결되겠다"는 말을 남기고 스스로를 불사른 70대 농민의 영령 앞에 놓습니다. 고인의 죽음을 헛되게 하지 않겠다고 다짐했지만, 괴물 같은 송전탑이 들어서는 것을 막지는 못했습니다. 고인이 돌아가신 3주기를 맞아, 이 작은 책자를 내는 것은 고인의 영령 앞에서 이 잘못된 시스템을 바꾸기 위해 끝까지 노력하겠다는 다짐을 하기 위한 것입니다.

그리고 이 책을 10년 가까운 세월 동안 밀양 부북면, 상동면, 산외면, 단장면, 경북 청도 삼평리의 송전탑 공사 현장에서 삶과 민주주의, 그리고 인간의 존엄과 양심을 지키기 위해 싸워온 분들에게 바칩니다. 님들의 투쟁으로부터 인간답게 사는 길이 무엇인지를 배웠습니다.

이 책이 이권과 불의로 물든 잘못된 전력시스템을 지속가능하고 정의로운 시스템으로 바꾸는 데 작은 쓸모라도 있기를 소망합니다.

# 불편한 진실,
# 눈물과 이권으로 얼룩진 전기

**전기 문외한이 전기에 관심 갖게 된 계기**

나는 전기에 대해 문외한이었다. 전기공학을 공부한 것도 아니고, 전기와 관련된 일을 해 본 것도 아니다. 후쿠시마 원전사고 이전에는 집안의 전등을 갈아 끼우는 것이 전기와 관련해서 할 수 있는 일의 전부였다.

전기에 대해 관심을 갖게 된 중요한 계기는 2011년 3월 11일 일본 후쿠시마에서 일어난 원전사고였다. 후쿠시마 원전사고를 보면서 내가 사는 남한 땅에 원전이 몇 개나 있는지를 알아보았다. 무려 21개가 가동중이었다. 그리고 그 숫자는 곧 23개로 늘어났다.

이래서는 안 된다고 생각해서 탈핵(탈원전)을 해야겠다고 생각했고, 외국의 사례를 보니 탈핵을 한 국가에서는 녹색당이 중요한 역할을 한 것을 알게 되었다. 그리고 녹색당 창당작업에 뛰어들어 녹색당이라는 정당이 한국에서도 만들어지는 과정에 참여했다. 그러나 초기에는 원전에만 관심이 집중되었을 뿐, 전력시스템 전반에 대해서는 여전히 캄캄했다.

그러던 내가 발전-송전-배전을 아우르는 전력시스템 전반에 대해 관심을 갖게 된 계기는 바로 밀양 송전탑 문제 때문이었다. 2012년 1월의 어느 날이었다. 인터넷을 보는데, 충격적인 뉴스가 보였다. 경남 밀양에서 70대 농민 한 분이 송전탑 공사에 반대하다가 스스로 목숨을 끊었다는 것이다. 시골에서 농사만 짓고 살던 노인이 분신자살을 했다는 것은 내게 충격을 주었다. 사실은 불과 두 달 전에 밀양 송전탑 반대운동을 한다는 밀양 주민들을 우연히 만난 적도 있었기에 더욱 충격이 컸다.

이 사건을 계기로 송전탑, 아니 더 정확하게는 초고압 송전선 문제에 대해 관심을 갖게 되었다. 발전소에서 소비지까지 전기를 보내기 위해 76만5천 볼트, 34만5천 볼트, 15만4천 볼트 같은 엄청나게 높은 전압의 송전선이 건설되고 있었고, 그 송전선 때문에 사람이 죽었기 때문이다.

곧이어 알게 된 것은 단지 밀양만 송전선 때문에 고통을 받고 있던 것은 아니라는 사실이었다. 경북 청도에도 송전선 때문에 고통받는 주민들이 있었다. 이미 송전선이 건설되어 있는 충남 당진, 서산, 강원도 횡성, 평창, 태백, 전남 여수 등 전국 곳곳에서 시골 주민들이 초고압 송전선 때문에 고통을 받고 있었다.

### 불필요한 발전소와 송전선을 왜?

그래서 전기에 대해 좀더 깊이 파고들게 되었다. 진실을 알고 보니, 밀양을 지나가는 76만5천 볼트의 송전선은 밀양에서 쓰는 전기 때문에 필요한 것이 아니었다. 부산과 울산 사이에 있는 고리-신고리 원전단지에서 나오는 전기를 대구와 경북지역으로 송전하기 위해 필요하다는 것이 정부와 한전의 설명이었다. 그러나 그 설명은 전혀 설득력이 없었다. 대구는 그렇게 전기소비량이 많이 증가하는 지역이 아니기 때문이다. 그리고 대구에서 필요한 전기 정도는 대구 주변에 크지 않은 발전소를 지어서 해결할 수 있는 수준이다.

진실은 다른 곳에 있었다. 밀양 송전선이 필요한 이유는 발전소, 특히 원전 때문이다. 원전을 한 곳에 몰아서 짓기 때문에 초고압 송전선이 필요한 것이다. 고리-신고리 원전단지에는 이미 6개의 원전이 가동중에 있는데, 6개를 더 지으려 하고 있었다. 이렇게 한 곳에 발전소를 몰아서 짓다 보니 초고압 송전선이 자꾸 필요해지는 것이다.

실상을 보니, 대한민국의 전력정책은 어처구니없는 수준이었다. 초등학생도 이런 식으로 정책을 펴지는 않을 수준이었다. 전기가 꼭 필요해서 원전을 짓고 송전탑을 짓는 것도 아니었다. 실제 현실을 알고 보니 순서가 거꾸로였다.

문제의 출발점은 원전 같은 대규모 발전소를 많이 짓는 것이다. 그런 발전소들을 많이 짓다 보니 전기를 송전하기 위해 송전선을 많이 짓게 되는 것이다. 그리고 그 전기를 누군가가 쓰게 만들어야 하니, 원가 이하로 기업들에게 '산업용 전기'를 공급해 왔던 것이다.

"왜 이렇게 하나?" 하는 의문을 갖고 들여다보니, 모든 것이 다 '돈' 때문이었다. 발전소와 송전선 건설을 둘러싸고 엄청난 돈들이 떠돌아다니고 있었다. 이런 시스템 속에서 돈을 버는 기업들이 있었다. 그들 때문에 이런 어처구니없는 정책을 반복해 온 것이다.

그리고 그런 정책 때문에 밀양을 비롯해 전국 곳곳에 송전탑이 세워지고, 그 때문에 눈물을 흘리는 주민들이 생겼다. 게다가 우후죽순으로 생겨난 원전은 우리의 생존과 안전을 위협하고 있다. 어느덧 대한민국은 전 세계에서 원전밀집도가 가장 높은 국가가 되었다.

원전만이 문제가 아니다. 원전만큼 많이 짓고 있는 석탄화력발전소는 온실가스를 대량으로 배출해 기후변화를 불러일으키고 있다. 대한민국은 이 때문에 온실가스 배출 세계 7위 국가가 되었다. 경제규모로는 절대로 세계 7위가 안 되지만, 온실가스 배출은 세계 7위가 된 것이다. 그러나 기후변화로 인한 피해는 고스란히 지금의 청소년, 청년들과 미래세대가 뒤집어쓰게 되어 있었다. 이런 시스템은 전혀 정의롭지 않다.

그때부터 집에 누워 천장에 달려있는 전등을 바라보며, "이 전등을 밝히는 전기는 과연 어디서 올까?" 하는 의문을 가지게 되었다. 이 책을 읽는 분들도 한번 생각해 보면 좋겠다. 지금 우리 집(또는 사무실)을 밝히는 전기는 과연 어디서 올까?


## 대한민국 전력정책의 속살을 들여다보다


그런 와중에 나는 대한민국에서는 매우 드문 기회를 갖게 되었다. 전력업계와 전혀 무관한 사람이 대한민국 전력정책의 속살을 들여다볼 수 있는 기회를 가지게 된 것이다. 나는 2013년 6월 '밀양 송전탑 문제 해결을 위한 전문가협의체'에 밀양 주민들의 추천으로 들어가게 되었다.

본래는 전기공학 등을 전공한 전문가가 들어가면 더 좋았겠지만, 불행하게도 온통 '마피아' 천지인 대한민국에서 양심적이고 독립적인 전문가를 찾기는 쉽지 않았다. 그래서 그나마 후쿠시마 이후에 공부한 전기지식과 법률지식이 있는 내가 전문가협의체에 들어가게 된 것이다. 그리고 40일간 활동을 하면서 나는 정부와 한전, 그리고 소위 말하는 '전문가'들이 얼마나 엉터리인지를 알게 되었다. 그리고 대부분의 시민들이 속아 왔다는 것을 확신하게 되었다.

앞으로 이 책에서 분명히 밝히겠지만, 원전이나 송전탑을 안 지으면 전력난이 온다는 것은 완전한 허구이다. 오히려 대기업들이 돈을 벌게 하기 위해 쓸데없는 발전소와 송전탑을 짓고 있다는 것이 진실이다. 경남 밀양에서 문제가 된 76만5천 볼트 송전선의 경우에는 대한민국에는 맞지 않은 송전선을 들여온 것이 문제의 근본원인이다. 그리고 발전소를 한 곳에 몰아 짓는 바람에 전력계통이 불안정해지고, 그것 때문에 또 새로운 송전선을 건설하고 있다.

어떤 사람들은 여전히 나에게 "당신이 그 정도 얘기를 할 수 있는 전문가냐?"고 물을 것이다. 그리고 나는 여전히 전기공학을 공부한 사람은 아니다. 그러나 전기와 관련된 정책은 전문가만 판단할 수 있는 것이 아니다. 상식을 가진 사람이라면, 그리고 올바른 정보와 판단 근거만 주어진다면 평범한 시민들이 더 잘 판단할 수 있는 문제이다.

그래서 전력정책은 민주주의의 문제다. 그리고 많은 사람들의 인권이 걸려 있는 문제다.

나는 밀양 송전탑 전문가협의체에 참여한 이후, 기회만 있으면 현재의 전력정책을 비판해 왔다. 글도 많이 썼고, 언론 인터뷰나 강연도 했다. 만약 내가 얘기하는 것이 허위였다면, 이미 정부나 한전은 나를 명예훼손으로 고소했어야 맞다. 그러나 내가 하는 얘기에 대해 한전도, 정부도, 전문가라는 사람들도 제대로 반박하는 것을 들어본 적이 없다.

〈오마이뉴스 TV〉, 〈뉴스타파〉 같은 언론과 그런 내용의 인터뷰를 했을 때에도, 그들은 가만히 있었다. 밀양 주민 측에서 공개토론을 제안했을 때에도 그들은 토론을 거부했을 뿐, 우리 주장에 대해 설득력 있는 반박을 내놓지 못했다. 마치 논쟁이 벌어지지 않기를 바라는 듯했다. 그저 "전문가가 아닌 사람이 잘 모르고 하는 얘기다"는 식으로 얼렁뚱땅 넘어갈 수 있기를 바라는 것이다.


## 이 불온한 소책자를 내는 이유

그래서 이 소책자를 낸다. 그동안 내가 해 온 주장을 출판물로 정리해서 내려는 것이다. 이 책에 담긴 내용은 내가 찾아내고 정리한 것이기도 하지만, 송전탑, 원전, 석탄화력발전소로 고통받는 지역 주민들이 내게 해 준 얘기들도 포함이 되어 있다. 주민들은 그 누구보다도 지금 시스템의 본질을 정확히 꿰뚫고 있고, 통렬한 비판을 쏟아낸다.

또한 이 책은 녹색당의 동료들과 함께 찾아내고 논의하고 토론한 내용들을 담은 것이기도 하다. 비록 작은 정당이고 생긴 지가 얼마 안 되는 정당이지만, 녹색당은 그 어느 정당보다도 문제의 본질을 깊이 파고들었고, 대안을 제시하기 위해 노력해 왔다.

이 책에서 사용하는 수치나 그래프는 내가 만들어낸 것이 아니다. 대부분 정부와 한전, 전력거래소가 만든 자료이다. 그들이 만든 자료만으로도 그들이 얼마나 엉터리인지는 충분히 입증할 수 있다.

이 책에서는 최대한 시민들이 읽기 쉽도록 단어를 선택할 것이다. 그리고 전기에 관한 기술적인 내용들은 줄이고, 정책에 초점을 맞추려 한다. 주권자인 시민들이 알고 판단할 수 있도록 돕기 위한 것이다.

1장에서는 대한민국의 전력정책을 움직이는 것은 철저하게 '이권'이라는 것을 밝히고자 한다. 이것이 문제의 본질인 것이다. 전기가 필요해서가 아니고, 원전마피아, 전력마피아, 대기업들의 이권을 보장하기 위해 대한민국 전력정책이 수립되고 발전소들이 지어지고 있다는 것을 증명해 보일 것이다.

2장은 송전선 문제를 다루고자 한다. 76만5천 볼트라는 초고압 송전선은 많은 문제를 갖고 있다. 전력계통을 불안정하게 만들어 또 다른 송전선을 건설하게 만든다. 문제의 근본적인 원인은, 대규모 발전소를 한 곳에 몰아 짓고 76만5천 볼트 송전선을 연결하는 데 있다.

제2, 제3의 밀양이 생기지 않으려면, 이런 초고압 송전선의 진실에 대해 많은 사람들이 알아야 한다. 2장에서는 이 문제를 집중적으로 파헤쳐보고자 한다.

3장은 대안에 관한 것이다. 우선 전력난은 당분간 일어나지 않는다는 걸 밝히고자 한다. 그리고 지금까지 전력소비가 늘어난 것은 정부의 잘못된 전기요금 정책 때문이라는 것도 살펴볼 것이다. 앞으로 어떤 방향으로 가야 할지는 이미 답이 나와 있다. 세계적인 추세도 있고, 국내에서도 사례가 만들어지고 있다. 핵발전소와 석탄화력발전소, 그리고 초고압 송전선에서 벗어나는 것은 충분히 가능하다. 탈핵-탈석탄화력-탈송전탑은 지역분산형 발전으로 전환하면 한 묶음으로 이뤄진다. 그것을 위해 필요한 '착한 전기를 위한 다섯가지 대안'을 제시한다. 그리고 이것을 위해 필요한 시민들의 행동도 제안하고자 한다. 2016년 총선과 2017년 대선이라는 중요한 선거일정을 앞두고 있는 시점이다. 지금 움직이면 바꿀 수 있다.


## 착한 전기는 가능하다

책의 제목에 대해 고민하다가 '착한 전기는 가능하다'로 잡았다. '착한 전기'가 무엇인지 궁금할 것이다. '착한 전기'는 다른 사람의 눈물과 고통을 낳지 않는 전기를 말한다. 우리를 위험에 빠뜨리고 미래 세대에게 부담을 떠넘기지 않는 전기를 말한다. 핵발전의 위험과 기후변화, 그리고 초고압 송전선의 피해를 불러일으키지 않는 전기를 말한다.

전기를 쓰지 말자는 얘기가 아니다. 우리는 충분히 착한 전기를 쓸 수 있고, 착한 전기를 쓰는 사회로 전환할 수 있다. 지금까지 정부는 그것이 불가능하다고 얘기해 왔지만, 나는 가능하다는 것을 확신한다.

그럼 이제 본격적으로 시작해보자. 이 불온한 소책자를 내는 이유는 세상을 시끄럽게 만들기 위해서다. 그 목적에 맞게 적나라하게 얘기를 풀어내려고 한다. 더 많은 사람들에게 진실을 알림으로써, 대한민국의 전력정책에 대해 치열한 논쟁을 해 보려고 한다. 정부와 한전, 그리고 이 책에서 '마피아'라 불리는 분들은 더 이상 회피하지 말고 책임 있는 자세로 논쟁에 참여하기를 바란다.

2014년 12월

하승수

# 모든 건
# 이권 때문이다

### 원전마피아·전력마피아·
### 대기업들의 유착관계

## 계획에 한 줄 들어가면, 7배 뻥튀기하는 장사

정부는 강원도 삼척과 경북 영덕에 새로운 원전을 지으려 하고 있다. 그런데 강원도 삼척에서는 시민들의 압도적인 여론이 '원전반대'이다. 2014년 10월 9일에는 원전에 대한 찬성·반대를 묻는 주민투표를 주민들 스스로 실시하기도 했다. 주민투표 결과는 85퍼센트에 가까운 주민들이 원전에 반대한다는 것이었다.

주민투표를 응원하려고 삼척에 갔던 나는 믿기 어려운 얘기를 들었다. 강원도 삼척에는 원전뿐만 아니라 석탄화력발전소가 들어서려 하는데, 이 발전소를 추진하던 동양파워(주)가 사업권만 따낸 상태에서 몇 배나 되는 돈을 받고 사업권을 팔았다는 것이다. 발전소는 아직 지어진 상태도 아닌데 몇 배를 남기고 팔다니, 믿기지가 않았다. 그러나 이 얘기를 해 준 분은 "단지 전력수급기본계획이라는 정부계획에 발전소 이름이 한 줄 들어갔을 뿐인데, 몇 배나 받고 팔았다"고 확신에 차서 얘기했다.

그래서 '금융감독원 전자공시시스템'http://dart.fss.or.kr/에 들어가 확인해 보았다. 이 시스템에 들어가면, 웬만한 기업들에 관한 정보를 볼 수 있기 때문이다.

들어가서 동양파워(주)의 자료를 찾아봤더니, 그 얘기가 사실이었다. 동양파워(주)는 동양그룹이 삼척에 석탄화력발전소를 추진하기 위해 2011년 11월 4일 설립한 회사였다. 그리고 이 회사는 2013년 2월 25일 발표된 「6차 전력수급기본계획」이라는 정부계획에 "동양파워 1, 2호기"라는 석탄화력발전소를 삼척에 건설한다는 한 줄을 집어넣는 데 성공했다.

그런데 동양파워(주)가 속해 있던 동양그룹은 경영위기에 부딪힌다. 그룹 회장이 사기, 횡령 등의 혐의로 구속되는 상황이 벌어진 것이다. 동양그룹 상황이 어려워지자, 동양파워(주)의 주식을 가지고 있던 동양그룹 계열사들은 2014년 8월, 가지고 있던 동양파워(주)의 주식 100퍼센트를 포스코에너지(주)에 팔았다. 회사 전체를 넘긴 것이다.

이 거래에서 동양파워(주)의 주식을 갖고 있던 동양그룹 계열사들은 무려 4,310억 원(정확하게는 431,093,127,582원)이 넘는 돈을 받았다. 주식 1주당 36,518원에 판 것이다. 동양파워(주)의 주식은 본래 5,000원에 발행된 것이었다. 발전소를 지은 것도 아니고, 단지 지을 계획이 있다는 이유만으로 7배가 넘는 가격을 받고 판 것이다. 도깨비가 요술방망이를 휘두른 것도 아닌데, 단지 전력수급기본계획에 한 줄이

들어갔다는 것만으로 7배 이상으로 가치가 뛰는 이유는 무엇일까?

포스코 같은 대기업이 동양그룹에 자선을 베풀기 위해 돈을 많이 줬을 리가 없다. 7배 이상의 가격을 쳐서 주식을 매입했다면, 그만큼 석탄화력발전으로 돈을 많이 벌 수 있다는 기대가 있기 때문이다. 그렇다면 어떻게 정부계획에 한 줄만 들어가도 많은 돈을 벌 수가 있을까?

---

**매매 당시 동양파워(주)의 재무상태**

기업회계에 대해 약간이라도 아는 분을 위해, 동양파워(주)의 재무상태를 요약 설명하면, 동양파워(주)는 2013년 말 기준으로 자산총계 275억 원, 부채총계 69억 5천만 원이었다. 자산에서 부채를 뺀 순자산은 205억 5천만 원이었다. 순자산에 비하면 동양파워(주)의 주식은 20배가 넘는 가격으로 팔린 것이다. 매각 당시에 동양파워(주)는 발전을 하기 전이므로 매출액이 0원이었고, 2012년에는 31억 원, 2013년에는 125억 원의 영업손실을 보던 상태였다.

---

## 땅 짚고 헤엄치는 민자발전

본래 대한민국의 발전發電은 한국전력(한전)이라는 공기업이 대부분 해 왔다. 그런데 한전이 운영하던 발전소들은 2001년 '전력산업 선진화'라는 명분으로 한전 산하에 만들어진 6개의 발전자회사로 이

관되었다. 6개 발전회사는 남부발전, 중부발전, 동서발전, 남동발전, 서부발전과 한국수력원자력(한수원)이었다.

그리고 정부는 한전의 발전자회사들 외에 민간대기업들이 발전사업에 본격적으로 뛰어드는 것을 허용했다. '민자발전'이라고 불리는 이 발전회사들은 포스코, SK, GS, 동부 같은 대기업들이 세운 발전회사들이다. 이들이 석탄화력발전, 천연가스LNG발전에 뛰어들 수 있도록 정부가 허용했다. 그리고 한전은 전력거래소를 통해 민간발전회사들이 발전한 전기를 수익을 보장하고 매입하도록 했다.

수익을 보장하는 구체적인 방식은 설명하기가 복잡해서 생략한다. 방식이야 기술적으로 만들면 되는 것이기 때문이다. 핵심은 한전이 민간대기업들로부터 원가와 일정한 수익을 보장하는 방식으로 전기를 매입한다는 것이다. 그 결과 대기업들은 민자발전을 통해 막대한 이익을 챙기기 시작했다.

이렇게 되자 전력노동조합(한국전력과 발전자회사 노동조합으로 구성된)이 2012년 8월 6일 민자발전에 대한 특혜를 중단하라는 성명서를 내기도 했다. 한전의 발전자회사들은 상대적으로 불리한 조건으로 전기를 판매해야 하는데, 민자발전을 하는 대기업들은 특혜를 받고 있다는 것이 전력노동조합의 주장이었다. 그해 국회 국정감사에서도 민자발전에 대한 특혜가 문제로 지적되었다. 2012년 국정감사에서 이원욱 국회의원이 공개한 자료에 따르면, 한전 산하의 발전자회사들은 10년 동안 평균 1킬로와트시$^{kWh}$당 71원에 전기를 판매했다면, 민자발전회사들은 평균 120원에 판매한 것으로 드러났다.

국회 예산정책처에서도 같은 문제를 지적했다. 국회 예산정책처가 2013년에 발간한 「전력가격체계의 문제점과 개선방안」이라는 보고서를 보면, 한전의 발전자회사들에 대해서는 정산조정계수라는 것을 적용해서 싼 가격에 전기를 사는 반면, 민자발전사들에게는 이를 적용하지 않는다는 문제가 지적되어 있다. 그래서 한전이 민자발전회사로부터 매입하는 전기의 정산단가는 한전 발전자회사의 2.5배에 달한다는 것이다. 이에 따라 2012년 한전은 대규모 영업손실을 입은 반면, 포스코에너지(주), SK E&S 등 5대 민자발전회사들은 평균 17.5퍼센트의 높은 영업이익률을 실현했다는 것이다.

최근에는 민자발전회사들의 이익이 줄어든다는 얘기도 나오지만, 여전히 민자발전을 하는 대기업들의 순이익 규모는 꽤 크다. 국내 전체 발전설비의 3.8퍼센트를 보유하고 있는 대표적인 민자발전 기업인 포스코에너지(주)의 재무자료를 보면, 포스코에너지(주)는 2012년에 1,777억 원, 2013년에 1,448억 원의 당기순이익을 올렸다.

요즘같이 수익성 좋은 사업을 찾기가 어려운 때에, 위험부담 없이 이익을 올릴 수 있는 사업은 흔치 않다. 그래서 대기업들은 너도나도 민자발전에 뛰어들었다.

그리고 대기업들의 이익을 충실하게 반영한 이명박 정부는 2013년

2월, 「6차 전력수급기본계획」을 수립하면서, 민자발전소들을 대폭 확대했다. 앞서 언급한 동양파워(주)가 삼척에 세우려던 석탄화력발전소도 「6차 전력수급기본계획」에 들어간 것이다. 땅 짚고 헤엄치는 식으로 돈을 벌 수 있으니, 동양그룹은 계획에 한 줄 들어간 것만으로, 포스코에 7배가 넘는 돈을 받고 동양파워(주)의 주식을 팔 수 있었던 것이다.

---

**민자발전회사들이 이익을 보장받는 방식**

민자발전회사들이 이익을 보장받는 방식은 복잡하다. 방법이야 어찌되었든 간에, 결과적으로 보면 발전에 들어가는 고정비와 변동비를 보장받고, 일정 정도의 이익도 올릴 수 있는 결과가 나온다. 구체적으로는 장기전력구매계약(PPA, Power Purchase Agreement), 변동비 반영시장(CBP, Cost-Based Pool), 용량요금(CP, Capacity Price) 같은 제도들이 있다.

이 중 용량요금은 최근 논란이 되고 있는데, 그 이유는 전력거래소의 입찰에 참여하기만 하면 실제로 발전을 하지 않아도 지급하게 되어 있기 때문이다. 실제로 발전을 하지 않아도 발전소 건설에 들어간 고정비용을 보상한다는 개념으로 지급하는 것이다. 그런데 2011년 이후 2014년 7월까지 입찰에만 참여하고 발전을 하지 않았는데도 받아간 미발전 용량요금이 1조 1,380억 원에 달했다. 현재 전력거래소는 용량요금 제도를 개선하려고 하는데, 민자발전사들은 이에 대해 반발해서 논란이 되고 있다.

---

## 역시 대기업들의 이익을 보장하는 원전건설

민자발전은 석탄화력발전과 천연가스발전을 중심으로 이뤄지고 있다. 원전은 아직 한국수력원자력(한수원)이라는 한전의 자회사가 독점해서 운영하고 있다. 그렇다면 원전은 대기업들과의 이해관계가 없을까?

그렇지 않다. 정부가 곧 착공하려고 하는 신고리 5, 6호기 원전의 경우에 총공사비가 7조 6,168억 원에 달한다(2012년 한국수력원자력 자료). 원전 1개당 공사비가 3조 8천억 원이 넘는 것이다. 앞으로 새로 지을 원전들의 공사비는 이것보다도 더 늘어나 4조 원이 넘게 될 것이다. 만약 이런 식으로 원전 10개를 지으면 40조 원이 넘는 사업이 되는 것이다.

그렇다면 이런 원전건설은 누가 하게 될까? 누가 하는지는 한국수력원자력 홈페이지에 들어가도 볼 수 있다. 현대건설, SK건설, 대우건설, GS건설, 삼성물산 등등. 국내 굴지의 건설회사들이 원전건설 공사를 맡는다. 원전에 들어가는 각종 부품을 공급하는 회사들도 있다. 원자로는 두산중공업이 독점적으로 공급한다.

이 중에서도 이명박 전 대통령이 대표이사로 있었던 현대건설은 우리나라 원전 대부분을 시공했다고 스스로 자랑하고 있다. 현대건설은 2013년 사업보고서에서, "원전 16기를 동시에 시공할 수 있다"고

밝히고 있다. 이런 건설회사들의 일감을 마련해주기 위해 원전건설이 추진되는 면도 있는 것이다.

아랍에미리트에 수출했다는 원전건설 공사도 현대건설과 삼성물산이 나누어서 수주했다. 무려 6조 4천억 원에 달하는 공사이다. 그런데 이 아랍에미리트 원전수출은 덤핑계약을 한 것이 거의 확실하다. 계약서가 공개되지 않아서 정확한 금액은 알 수 없지만, 대한민국은 아랍에미리트 원전수출 때문에 많은 손해를 보게 될 것이다. 그 손해는 결국 시민들이 세금이나 전기요금으로 메우게 될 것이다.

원전 안에는 많은 부품들이 들어간다. 이 부품들의 공급과정에서 비리가 많이 발생해 왔다. 2012년과 2013년에 검찰은 원전부품 공급과 관련된 비리들을 수사했다. 수사결과, 품질보증서가 위조된 부품들이 공급되었고, 중고부품을 새것처럼 공급한 사례도 적발되었다. 한국수력원자력 직원들은 원전에 부품을 납품하는 업체들로부터 뇌물을 받고 이런 사실을 눈감아준 것으로 드러났다.

꼭 이런 비리가 아니더라도, 한국수력원자력은 원전을 많이 지으려고 한다. 원전을 많이 지을수록 몸집이 커지고, 쓰는 돈의 규모도 커지고, 공사계약, 입찰 같은 것도 많아지기 때문이다.

원전으로 돈을 버는 사람들 중에는 소위 말하는 '전문가'들도 있다. 많은 돈들이 원전과 관련해서 흘러다니기 때문이다. 정부가 예산을 지원해 운영하는 '한국연구재단'은 매년 3천억 원에 가까운 돈을 원자력 진흥을 위해 사용한다. 그 돈은 원전 관련 연구기관, 기업들, 교수 등의 전문가들에게로 흘러간다.

고위관료들도 연루되어 있다. 원전 관련된 일을 하던 고위관료들은 퇴직 후에 한국수력원자력이나 관련 기관에 '낙하산'으로 취직하기도 한다. 정치인, 언론들도 이런 구조에서 자유롭기 어렵다. 특히 원전 관련 광고를 따야 하는 언론들은 원전에 호의적인 기사나 기고문을 실어 준다. 원전은 막대한 이권사업이고, 이권사업을 옹호해야만 자리나 돈이 생기기 때문이다.

이들을 '원전마피아'라고 부른다. 이들이 대한민국 전력정책에 엄청난 영향력을 미치며 후쿠시마 사고 이후에도 원전건설을 주도하고 있다.


## 동해안을 뒤덮게 된 원전과 석탄화력발전소

이처럼 발전소를 지으면 돈을 버는 이해관계 집단들이 있다 보니, 대한민국은 발전소로 뒤덮일 상황이다. 서해안에는 줄지어 석탄화력발전소들이 들어서 있다. 인천 앞바다의 영흥부터 시작해서 충남 당진, 태안, 보령까지 줄지어서 화력발전소들이 들어서 있다.

그리고 그 발전소들 때문에 송전선이 계속 건설된다. 충남 당진과

[그림 1-1] 경북 울진 이북 동해안에 추진 중인 발전소들

| 2013년 12월 현재 설비 | | 계획 설비 | |
| --- | --- | --- | --- |
| 발전기명 | 용량(MW) | 발전기명 | 용량(MW) |
| | | 신울진 1~4호기 | 5,600 |
| 울진(한울)원전 1~6호기 | 5,900 | 삼척 석탄화력발전 1, 2호기 | 2,000 |
| 양양 양수발전 1~4호기 | 1,000 | 북평 석탄화력발전 1, 2호기 | 1,190 |
| 동해 석탄화력발전 1, 2호기 | 400 | G-Pro 석탄화력발전 1, 2호기 | 2,000 |
| 영동 석탄화력발전 1, 2호기 | 325 | 동양 석탄화력발전 1, 2호기 | 2,000 |
| | | 동부하슬라 석탄화력발전 1, 2호기 | 2,000 |
| | 7,625 | | 14,790 |

서산은 이미 전국에서 가장 많은 송전탑이 들어서 있는 지역이다. 당진과 태안의 화력발전소에서 출발하는 송전선이 이곳을 지나 경기도로 이어지기 때문이다.

서해안에 더 이상 지을 곳이 없을 정도로 발전소가 꽉 들어서자, 이제는 동해안으로 발전소들이 몰려가고 있다. 동해안의 강원도 삼척과 경북 영덕에 원전이 추진되고 있다. 그리고 강원도 양양, 강릉, 동해, 삼척 등 동해안을 따라서 석탄화력발전소들이 대규모로 들어서려 하고 있다.

[그림 1-1]에서 보는 것처럼, 2013년 12월 현재 강원도와 경북 울

진 등 동해안에 있는 발전소들의 총용량은 7,625메가와트이다. 그런데 앞으로 새롭게 들어서려고 하는 발전소들의 발전용량이 14,790메가와트에 달한다. 지금 있는 발전설비 용량의 2배에 달하는 발전소가 동해안에 새롭게 들어설 예정인 것이다.

게다가 강원도 삼척과 경북 영덕에 추진중인 원전은 아직 「6차 전력수급기본계획」에 반영되지도 않았다. 만약 이 원전들까지 들어서게 된다면 강원도 동해안은 온통 석탄화력발전소와 원전으로 뒤덮이게 된다.

물론 이 발전소들이 생산하는 전기는 강원도를 위한 것이 아니다. 대부분의 전기는 초고압 송전선을 통해 서울과 경기도로 가게 되어 있다.

전력거래소의 예측에 따르면, 2027년이 되었을 때 강원도에서 생산하는 전기 2,282만 킬로와트$^{kW}$ 중에서 강원도에서 필요한 전기는 312만 킬로와트로 7분의 1도 안 된다. 나머지는 주로 수도권으로 보내게 된다.([그림 1-2] 참고)

단지 동해안만이 아니다. 전국적으로도 발전소들이 곳곳에 들어서게 된다. 인천 앞바다의 영흥 화력발전소도 추가 증설이 되고, 충남 서천·당진, 전남 여수에도 새로운 화력발전소들이 들어서게 된다.

[그림 1-2] 전력 지역수급 및 조류 전망 (2027년)

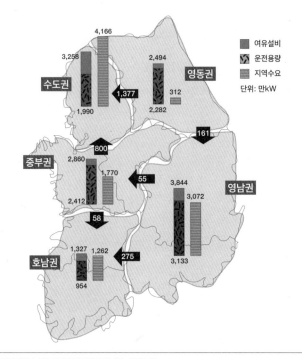

출처: 전력거래소, 「중·장기 전력계통 운영전망」, 2013. 12.

## 비민주적인 절차

앞서 살펴본 내용이 2013년 2월에 발표된 「6차 전력수급기본계획」
에 따라 추진되고 있는 내용이다. 이 계획에 의해 이익을 보는 쪽은 분명하다. 강원도 동해안에 건설되는 석탄화력발전소는 모두 대기업들이 건설하는 것들이다. 이를 통해 대기업들은 막대한 이익을 볼 것이다. 그래서 앞서 살펴본 것처럼, 포스코에너지(주)가 7배가 넘는 가격을 쳐 주고 동양파워(주)의 주식을 인수한 것이다.

또한 울진원전 옆의 신울진 원전단지에 4개의 원전이 더 들어서게 된다. 지금 운영중인 울진원전 1~6호기에 4개를 더하면 10개의 원전이 들어서는 것이다. 세계적으로 한 곳에 이렇게 많은 원전이 밀집한 사례는 찾기 힘들다. 사고가 난 일본 후쿠시마가 제1원전단지와 제2원전단지를 합치면 10개의 원전이 가동중이었다. 그래서 불길한 예감이 든다. 대한민국에서 10개 이상의 원전이 밀집하게 되는 곳은 울진-신울진 원전단지와 부산 옆의 고리-신고리 원전단지이다. 그리고 이렇게 원전 같은 대규모 발전소를 한 곳에 몰아넣으면, 송전선 문제를 낳는다. 여기에 대해서는 2장에서 자세히 살펴볼 것이다.

문제는 이런 계획이 추진되는 과정이 전혀 민주적이거나 투명하지 않다는 데 있다. 국가적인 전력정책의 수립과정에 심각한 문제가 있는 것이다.

우리나라에서 발전소를 짓는 절차의 시작은 '전력수급기본계획'이라는 데 들어가는 것이다. '전력수급기본계획'은 2년마다 업데이트를 하게 되어 있는 국가계획이다. 앞으로 15년 동안 전기가 얼마나 필요하고(수요), 그것을 어떻게 공급하겠다는 것에 관한 계획이다. 그리고 이 전력수급기본계획에 따라서 「장기 송·배전설비계획」이라는 것을 만든다. 「장기 송·배전설비계획」이란 발전소에 연결되는 송전선과 변전소를 언제, 어디에, 얼마나 짓겠다는 계획을 말한다.

이런 계획을 짜는 과정은 공개적이지 않다. 비공개로 밀실에서 초안이 마련된다. 그리고 계획 초안을 발표하는 공청회를 열기는 하지만, 일회적이고 형식적이다. 전기위원회, 전력정책심의위원회 같은 위원회를 거치게 되어 있지만, 이 위원회는 행정부로부터 독립성이 보장되지 않은 위원회이다. 국회가 통제할 수 있지 않을까 하고 생각할 수 있지만, 국회도 이런 계획을 보고받을 뿐 승인할 권한은 없다.

그래서 전력수급기본계획이 과연 타당한지에 대한 검증은 거의 없다시피 하다. 몇몇 관료들과 전문가들, 그리고 거기에 영향을 미치는 이해관계 집단들이 계획을 좌지우지할 수 있는 것이다.

그리고 이 계획에 한 줄이라도 반영되면 본격적으로 사업을 추진할 수 있게 된다. 전기위원회로부터 사업허가를 받고, 환경영향평가 등을 거쳐 전원電源개발촉진법에 따른 '실시계획 승인'을 받으면 확정이 된다.

이 모든 과정에서 지역주민들의 의견을 수렴하는 것은 형식적인 공청회나 설명회로 끝난다. 국가 전체의 전력정책에 관한 문제이지만, 공개적인 토론의 과정은 없다. 객관적이고 독립성 있는 전문가들의 검증도 거치지 않는다. 그래서 이권이 개입되어 불필요한 발전소나 송전선 건설을 추진하려 해도, 아무런 제어장치가 없는 상황이 되는 것이다.

## 엉터리 수요예측에서 출발하는 전력수급기본계획

이권은 넘쳐나는데 민주적인 절차는 실종되었을 때, 어떤 결과가 나타날까? 그것은 불을 보듯 훤한 일이다.

원전을 짓고 싶어 하는 원전마피아, 그리고 민자발전소를 지어서

[그림 1-3] 대한민국 전력소비 수요예측

| 연도 | 전력소비량 | | 최대전력(MW) | | | | 부하율 (%) |
|---|---|---|---|---|---|---|---|
| | GWh | 증가율(%) | 하계 | 증가율(%) | 동계 | 증가율(%) | |
| 2012 (실적) | 469,049 | — | 74,291 | — | 76,522 | — | 74.7 |
| 2013 | 482,527 | 2.9 | 78,347 | 5.5 | 79,712 | 4.2 | 74.9 |
| 2014 | 499,116 | 3.4 | 80,328 | 2.5 | 80,969 | 1.6 | 76.3 |
| 2015 | 516,156 | 3.4 | 81,577 | 1.6 | 82,677 | 2.1 | 77.3 |
| 2016 | 532,694 | 3.2 | 84,576 | 3.7 | 84,167 | 1.8 | 78.1 |
| 2017 | 548,241 | 2.9 | 88,218 | 4.3 | 86,922 | 3.3 | 77.1 |
| 2018 | 564,256 | 2.9 | 91,509 | 3.7 | 89,581 | 3.1 | 76.5 |
| 2019 | 578,623 | 2.5 | 93,683 | 2.4 | 91,424 | 2.1 | 76.6 |
| 2020 | 590,565 | 2.1 | 95,316 | 1.8 | 94,014 | 2.8 | 76.8 |
| 2021 | 597,064 | 1.1 | 97,510 | 2.3 | 96,462 | 2.6 | 75.9 |
| 2022 | 602,049 | 0.8 | 99,363 | 1.9 | 98,503 | 2.1 | 75.1 |
| 2023 | 605,724 | 0.6 | 100,807 | 1.5 | 99,781 | 1.3 | 74.5 |
| 2024 | 611,734 | 1.0 | 102,839 | 2.0 | 100,934 | 1.2 | 73.8 |
| 2025 | 624,950 | 2.2 | 105,056 | 2.2 | 102,348 | 1.4 | 73.8 |
| 2026 | 640,133 | 2.4 | 108,037 | 2.8 | 104,444 | 2.0 | 73.5 |
| 2027 | 655,305 | 2.4 | 110,886 | 2.6 | 106,463 | 1.9 | 73.3 |
| 2013~2027 | — | 2.2 | — | 2.5 | | 2.1 | — |

(하계: 당해 연도 7~8월, 동계: 당해 연도 12월~익년도 2월)

출처: 지식경제부, 「제6차 전력수급기본계획」, 2013. 2.

돈을 벌고 싶어 하는 대기업들은 수단과 방법을 가리지 않고 어떻게든 밀어넣으려고 한다. 그러니 거기에 끼워맞춰서 계획이 나온다. 이권 때문에 엉터리 전력수급기본계획이 나오는 것이다.

엉터리 계획은 전력수요가 무한정 계속 늘어날 것이라고 가정하는 데서 출발한다. 2013년 2월에 발표된 「6차 전력수급기본계획」에서 정부는 대한민국의 전력수요가 연평균 2.2퍼센트 정도 계속 늘어난다는 것을 전제로 하고 있다. 1년 중 전기를 가장 많이 쓰는 시점의 전력소비량을 말하는 '최대전력'은 그보다 더 높은 연평균 2.5퍼센트 늘어난다고 전제하고 있다.

연평균 2.2퍼센트라고 하면 얼마 안 되는 것 같지만, 숫자의 마술이 존재한다. 예를 들어 1년차보다 2년차에 2.2퍼센트가 늘어나고, 3년차에는 다시 2년차를 기준으로 2.2퍼센트가 늘어나기 때문이다. 이를 두고 기하급수적으로 늘어난다고 한다. 그래서 연 평균 2.2퍼센트 증가가 15년 동안 누적되면 39.7퍼센트가 증가하는 것으로 나온다. 바로 「6차 전력수급기본계획」이 그랬다.

그러나 이렇게 수요예측을 하는 것이 올바른 것일까? [그림 1-4]를 보면 일본과 독일, 유럽 국가들의 1인당 전력소비량은 1990년 이후 거의 늘어나지 않았다. 전기소비를 억제하기 때문이다.

전기소비가 늘어나는 것은 자연현상이 아니다. 정부가 정책을 펴기에 따라서는 줄일 수도 있는 것이 전기소비이다. 원전사고와 기후변화

[그림 1-4] 주요국 1인당 전력소비량 추이 (1991-2009년)

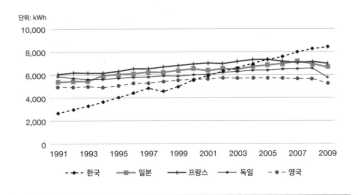

단위: kWh

出처: 국제에너지기구(IEA), 2010.

가 인간의 생존과 안전을 위협하는 시대에, 전기소비가 계속 늘어날 것이라고 예측하면서 발전소를 더 짓는다는 것이 가능한 얘기인가?

이런 식으로 수요예측을 하는 것 자체가 잘못이다. 많은 국가들이 어떻게든 전력소비를 줄이려고 하는데, 막연하게 전력수요가 늘어날 것이라고 예측하는 것 자체가 발전소와 송전선을 짓기 위한 명분을 만드는 것에 불과하다.

물론 과거보다는 전력소비 증가율을 낮춰 잡았다고 하지만, 지금 잡은 연평균 2.2퍼센트도 지나친 것이다. 더 이상 높은 경제성장은 불가능하고, 전력소비량도 과거처럼 증가하기가 어렵다. 실제로 2013년의 전력소비 증가율은 1.8퍼센트에 그쳤고, 2014년에는 9월까지 0.3퍼센트에 그쳤다. 「6차 전력수급기본계획」에서 2.9퍼센트 (2013년), 3.4퍼센트(2014년)로 예측한 것보다 훨씬 낮은 수준이다.

그리고 조금만 노력하면 전력소비 증가율을 더 낮추거나 아예 제로(0)로 만드는 것도 가능하다. 제대로 된 정부라면, 어떻게 하면 전력수요를 줄여 나갈지에 대해 목표를 잡고, 그것을 위한 정책을 세우는 것이 맞다. 지방자치단체인 서울시조차 그렇게 접근하고 있다. 서울시는 '원전 한 개 줄이기'라는 이름으로 전기소비를 줄이고 재생가능에너지를 늘려서 서울 외부에서 끌어오는 전력을 줄이겠다는 목표를 세우고 추진하고 있다.

그런데 중앙정부는 이런 노력조차 하지 않고 있다. 그 이유는 앞서 언급한 것처럼, 원전과 석탄화력발전소를 지을수록 돈을 버는 기업들, 그리고 관련된 사람들의 이권을 보장하기 위한 것으로 볼 수밖에 없다.


## 남아도는 발전소들

더욱 문제인 것은, 정부의 예측처럼 전력소비량과 최대전력이 해마다 늘어난다고 하더라도 앞으로 발전소가 남아돈다는 것이다.

앞에서 언급한 것처럼 최대전력이란, 전기를 가장 많이 쓰는 때에 얼마나 쓰느냐를 나타내는 것이다. 아무래도 여름철에 가장 더울 때와 겨울철의 가장 추울 때에 전기를 많이 쓰기 때문에 그때가 '최대전력'을 기록하게 되어 있다. 냉방과 난방에 전기를 많이 쓰기 때문이다.

이렇게 전기를 가장 많이 쓸 때를 기준으로 '설비예비율'이라는 것을 계산한다. 전기소비가 가장 많을 때를 기준으로 전국의 발전설비가 어느 정도 여유가 있는지를 계산한 것이다. 발전소도 고장이 날 수 있으므로, 어느 정도 예비율이 필요한 것은 사실이다. 그러나 적정한 수준이어야 한다.

그런데 정부는 「6차 전력수급기본계획」을 수립하면서 적정 설비예비율을 22퍼센트로 잡았다. 이것은 이해할 수 없을 정도로 높게 잡은 것이다. 게다가 「6차 전력수급기본계획」을 수립한 기간인 2012~2027년의 중간시점인 2020년에는 설비예비율이 무려 30.5퍼센트에 달한다. 이 말은 전기소비가 가장 많은 때를 기준으로 보더라도, 발전설비의 4분의 1 이상이 놀고 있도록 계획을 세웠다는 것이다. 이것은 어처구니가 없는 일이다.

한마디로 너무 많은 발전소들을 짓는 것으로 계획을 짠 것이다. 그리고 그 중 상당수는 대한민국을 위해 전혀 필요하지 않은 발전소들인 것이다.

적정 설비예비율을 22퍼센트로 잡은 것도 말이 안 되는 것이다. 한전 경제경영연구원이 2012년 3월 22일에 작성한 「적정 설비예비

## [그림 1-5] 연도별 전력수급 전망과 설비예비율

| 연도 | 최대전력(MW) | | 설비용량(MW) | | 설비 예비율 | |
|------|------|------|------|------|------|------|
| | 하계 | 동계 | 하계 | 연말 | % | 연간피크 |
| 2012 | 74,291 | 76,522 | 76,286 | 78,483 (80,713) | 2.6 (5.5) | 동계 |
| 2013 | 78,347 | 79,712 | 81,717 | 85,605 | 7.4 | |
| 2014 | 80,328 | 80,969 | 86,998 | 94,192 | 16.3 | |
| 2015 | 81,577 | 82,677 | 96,357 | 100,177 | 21.2 | |
| 2016 | 84,576 | 84,167 | 106,765 | 110,067 | 26.2 | 하계 |
| 2017 | 88,218 | 86,922 | 113,419 | 113,332 | 28.6 | |
| 2018 | 91,509 | 89,581 | 114,197 | 116,621 | 24.8 | |
| 2019 | 93,683 | 91,424 | 119,991 | 124,404 | 28.1 | |
| 2020 | 95,316 | 94,014 | 124,433 | 125,875 | 30.5 | |
| 2021 | 97,510 | 96,462 | 127,275 | 128,339 | 30.5 | |
| 2022 | 99,363 | 98,503 | 128,567 | 128,602 | 29.4 | |
| 2023 | 100,807 | 99,781 | 128,602 | 128,639 | 27.6 | |
| 2024 | 102,839 | 100,934 | 128,639 | 129,077 | 25.1 | |
| 2025 | 105,056 | 102,348 | 129,077 | 129,719 | 22.9 | |
| 2026 | 108,037 | 104,444 | 129,719 | 130,495 | 20.1 | |
| 2027 | 110,886 | 106,463 | 130,495 | 130,853 | 17.7 | |

출처: 지식경제부, 「제「6차 전력수급기본계획」, 2013. 2.

율 및 운영예비력」이라는 문건이 있다. 이 문건은 「CEO 리포트」 제 12-9호로 발행된 것으로, 한전 최고경영자의 지시에 의해 작성된 문건이다. 이 문건에 따르면, 대한민국의 적정 설비예비율은 12퍼센트 수준이라고 되어 있다. 이 자료에서 인용한 서울대 연구결과에서도 국내의 적정 설비예비율은 12퍼센트라고 되어 있다.

미국의 경우에도 지역별로 차이가 있으나, 권고 설비예비율은 주로 15퍼센트 이내이고, 한국과 전력수요가 비슷한 프랑스, 독일은 13퍼센트 수준이라는 것이다. 그런데 정부는 무슨 근거로 「6차 전력수급 기본계획」에서 설비예비율을 22퍼센트로 잡았을까? 그리고 그것도 모자라 실제로는 설비예비율이 30퍼센트가 넘도록 계획을 짰을까?

이것은 원전마피아, 전력마피아, 그리고 민자발전을 하는 대기업들의 입김 때문에 불필요한 발전소를 대량으로 건설하는 것으로 계획을 짰다는 것을 입증하는 것이다. 전기가 필요해서 발전소를 짓는 것이 아니라, 이들의 이권을 보장하기 위해 과다하게 발전소를 짓는 것으로 계획을 짠 것이다. 한 국가의 전력정책이 이권 때문에 아무런 합리성도 없이 막장 수준으로 가고 있는 것이다.

이렇게 필요도 없는 발전소를 짓게 되면, 국가적으로 낭비라는 것은 분명하다. 막대한 건설비를 들여 지은 발전소들이 놀게 되기 때문이다. 그리고 민자발전을 하는 대기업들은 이런 상황에서도 어떻게든 자신들의 이익을 챙기기 위해 노력할 것이다. 그것은 제2, 제3의 특혜를 낳을 수밖에 없다.

그리고 이렇게 불필요한 발전소들을 많이 짓게 되면 불필요한 송전선을 낳을 수밖에 없다. 그래서 제2, 제3의 밀양과 청도가 생기고, 시골 주민들의 눈물을 불러올 것이다. 과연 이렇게 말도 안 되는 엉터리 전력정책을 언제까지 두고 봐야 하나?

## 로비가 통할 수밖에 없는 이유

전력수급기본계획이 이렇게 엉터리로 된 것은 비민주적으로, 밀실에서 절차가 진행되기 때문이다. 전력수급기본계획 수립을 위해 정부는 발전사업자로부터 '발전설비 건설의향서'라는 것을 받는다. 그 의향서를 평가해서 일부는 계획에 반영하고, 일부는 조건부 반영, 그리고 일부는 탈락시킨다. 이런 결정은 모두 밀실에서 이뤄진다.

그러니 어떻게든 계획에 들어가기 위해 로비가 횡행할 수밖에 없

[그림 1-6] 발전사업자 선정과정

는 구조이다. 2014년 11월 감사원은 '전력수급기본계획 관련 발전사업자 선정실태'라는 감사결과를 발표했다. 바로 「6차 전력수급기본계획」 수립 당시에 발전사업자를 선정한 과정에 대해 감사를 해서 발표한 것이다.

이 자료에 따르면, 그동안 의혹으로만 제기되었던 발전사업자 선정과정에 엄청난 문제가 있었음이 드러났다. 우선 발전소를 지어도 송전선을 연결(계통연계)하는 것이 현실적으로 불가능한 발전소를 선정한 것으로 드러났다. 동부하슬라파워 1, 2호기라는 석탄화력발전소를 선정하면서 이런 일이 벌어졌다. 현재 동해안 지역의 송전선 상황을 고려하면, 동부하슬라파워의 석탄화력발전소는 송전선에 연결하는 것이 불가능하다. 만약 동부하슬라파워 1, 2호기를 건설하면 182킬로미터에 달하는 새로운 송전선 건설이 필요하기 때문이다. 그런데도 정부는 동부하슬라파워 1, 2호기를 전력수급기본계획에 반영해 줬다.

평가과정에서의 특혜 의혹도 제기되었다. 짧은 시간에 평가를 해야 하기 때문에 기술, 금융 쪽은 관련 전문가들로부터 사전 자문을 받았는데, 실제 평가위원의 채점은 전문가 자문결과와 반대되게 이뤄졌다. 관련 전문가는 '하'라고 평가한 것에 대해 일부 평가위원은 만점을 준 것이다. 의혹의 냄새가 짙게 나는 대목이다. 그 발전소는 공교롭게도 7배가 넘는 가격을 받고 동양그룹이 매도한 동양파워 1, 2호기였다.

　정부는 평가의 공정성을 위해 외부평가위원 풀(136명)을 두고, 평가 당일날 그 중에서 외부평가위원을 선정하는 방식을 택했다고 하지만, 이런 평가결과가 나온 것을 보면 어떤 식으로든 로비가 작용했을 가능성이 높다.

　또한 외부평가위원의 채점도 형식적이었다. 실제로는 한전과 전력거래소가 미리 계산을 한 평가점수를 제공했고, 외부 평가위원은 25분이라는 짧은 시간 동안 발전사업자의 발표를 들은 후에 채점을 했다는 것이다. 그래서 외부평가위원들은 한전과 전력거래소가 적어 준 평가점수를 그대로 적은 경우가 많았다고 한다. 한마디로 말해서 부실한 평가를 통해 발전사업자가 선정되었고, 그로 인해 특혜를 받은 기업들이 존재하는 것이다.

**「7차 전력수급기본계획」은?**

　이처럼 대한민국의 전력정책 수립과정은 비민주적이기 짝이 없고, 이권에 얼룩져 있는 '복마전'이다.

　그런데 정부는 2015년 상반기에 「7차 전력수급기본계획」을 발표할 예정이다. 이 계획에서도 발전소를 더 짓는 것으로 나올 것이다. 이 계획에는 강원도 삼척과 영덕의 신규 원전도 포함될 가능성이 높다. 그렇게 될 경우에 대한민국은 더 깊은 '원전의 늪' 속에 빠져들게 된다.

그래서 시민들의 관심이 필요하다. 이런 식의 비민주적이고 반환경적인 정책들이 계속되지 않도록 하려면 시민들의 관심이 반드시 필요하다. 건강한 상식을 가진 시민들이 전력정책, 에너지정책에서도 민주주의를 실현하기 위해 관심을 갖고 참여해야 한다. 그것을 위해서는 조금 더 진실에 대해 알 필요가 있다.

② 외면할 수 없는
송전탑의 진실

**송전선은 송전선을 낳는다**

초고압 송전선 없는 세상에서 살고 싶다! 송전탑 피해 주민들이 하는 호소이다. 그런데 서울 대한문 앞에서 이런 피켓을 들고 있으면, 지나가던 사람들 중에 시비를 거는 사람들이 있다. 송전탑 없이 어떻게 전기를 쓰냐는 것이다.

그러나 뒤에서 차근차근 살펴보겠지만, 장거리 송전선 없이도 전기를 쓸 수 있다. 그리고 송전선 때문에 또다른 송전선을 건설하게 되는 문제도 존재한다.

"송전선이 송전선을 낳는다니 무슨 얘기인가?" 할 것이다. 한 가지 사례를 들어 보자.

2011년 7월 감사원은 「전력공급시설 확충 및 운영실태」라고 하는 감사결과를 발표했다. 이 감사결과에서 눈에 띄는 대목이 있었다. "2개의 765kV 송전선로들 중 1개 선로에 이중고장이 발생하면 대규모 전력공급 중단으로 수도권에 최대 50만 호의 광역 정전사고를 유발할 우려가 있다"는 것이다.

도대체 이것이 무슨 말인가 해서 알아보았다. '이중고장'이란 76만 5천 볼트 송전선 2회선이 동시에 고장나는 것을 의미한다. 우리나라의 76만5천 볼트 송전선은 지도상으로는 1개 송전선이지만, 실제로는 송전철탑 좌우의 2가닥 선으로 전기가 송전되는데, 그것이 동시에 고장나는 경우를 '이중고장'이라고 부른다. 그리고 이중고장이 발생할 경우에는 대규모 정전사태가 발생할 수 있다는 말이다.

특히 당진 화력발전소에서 출발해 신서산–신안성으로 가는 76만 5천 볼트 송전선이 문제였다. [그림 2-1]에서 진하게 표시된 선이 76만5천 볼트 송전선인데, 그 중에 서해안에서 출발해서 신안성까지 가는 송전선에 문제가 있다는 것이었다. 그래서 당시에 감사원이 대책을 세우라고 한전에 요구한 것이다.

그렇다면 한전은 여기에 대해 어떤 대책을 세웠을까? 감사원의 지적이 있자, 한전이 한 일은 '이중고장'에 대비해 새로운 송전선을 건설하는 것이었다. 76만5천 볼트 송전선의 문제를 해결하기 위해 또다른 송전선을 건설하려는 것이었다.

한전은 처음에는 당진 화력발전소에서 출발하는 또다른 76만5천 볼트 송전선 건설을 검토했다. 그러나 경남 밀양에서 송전탑 반대운동이 거세게 일어나자 엄청 부담스러웠던 모양이다. 그래서 새로운 계획을 수립했다. 이 계획은 자기들 계산으로도 1조 7,177억 원에서

[그림 2-1] 전국 345kV 이상 전력계통도 (2010년 12월 기준)

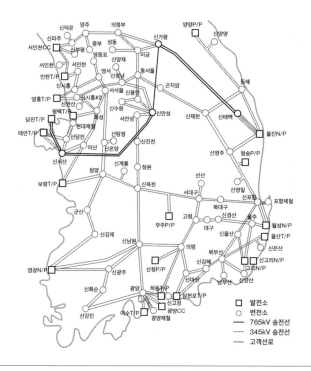

출처: 한전, 「제5차 전력수급기본계획 관련 장기 송·배전 설비계획」, 2011. 3.

1조 9,388억 원이 들어가는 공사이다. 그냥 76만5천 볼트 송전선을 하나 더 건설할 경우에 들어가는 예상비용 1조 1,367억 원보다는 훨씬 더 많은 돈이 들어간다.

　이런 점을 무릅쓰고 발표한 새로운 계획은 당진 화력발전소에서 북당진 변환소까지는 34만5천 볼트로, 그리고 북당진에서 서안성까지는 초고압 직류송전HVDC으로 건설하겠다는 것이다. 초고압 직류송전에 대해서는 뒤에서 설명할 것이다. 어쨌든 76만5천 볼트 송전선은 아니지만 새로운 송전선을 건설해서 문제를 해결하는 수밖에 없다는 것이다.


## 76만5천 볼트 송전선의 문제점

이처럼 송전선이 부족해서가 아니라, 송전선에서 사고가 날 경우에 대비해 추가로 송전선을 건설해야 하는 문제가 생기고 있다. 특히 76만5천 볼트 송전선이 문제이다. 전압이 매우 높기 때문에, 이 송전선에서 사고가 날 경우에는 충격도 그만큼 크다.

쉽게 생각하면 이런 원리이다. 도로 중에 국도나 지방도에서 사고가 나서 도로가 끊기는 것보다, 고속도로가 끊기는 것이 교통체계에 주는 충격이 크다. 마찬가지로 전압이 높은 송전선에서 사고가 나면 그만큼 전력계통에 주는 충격이 큰 것이다.

만약 송전선에서 사고가 나서 끊어지면 그것과 연결된 발전기에도 영향을 준다. 발전기가 갑자기 정지하는 일이 발생할 수 있는 것이다. 이것을 "발전기가 탈락한다"고 한다. 그런데 한 개가 아니라 여러 개의 대규모 발전기들이 동시에 탈락하게 되면 전력계통에 심각한 혼란이 생길 수 있고, 대규모 정전으로 이어질 수 있다. 전기는 주파수와 전압이 일정하게 유지되어야 하는데, 그 부분에서 심각한 문제가 생길 수 있는 것이다.

대한민국의 경우에는 원전이나 석탄화력발전소를 한 곳에 몰아 짓고 초고압 송전선으로 연결하기 때문에 더 문제가 많다. 이 발전소들과 연결된 76만5천 볼트 송전선에서 사고가 나면, 그 충격으로 원전이나 석탄화력발전소의 발전기들이 한꺼번에 탈락할 수가 있고, 그것이 대규모 정전으로 이어질 수 있는 것이다. 만약 이런 대규모 발전소가 한 곳에 몰려 있지 않다면, 송전선에 고장이 나더라도 국가 전체에 미치는 영향은 크지 않을 수 있는데, 대한민국은 그 반대의 상황인 것이다.

결국 발전소를 한 곳에 몰아 짓고, 초고압 송전선으로 전기를 송전하는 방식이 국가 전체의 전력계통에 위기를 초래하고 있다. 만약 76만5천 볼트 송전선에서 자연재해나 테러가 발생한다면, 연결된 발전기들에 문제가 생겨 국가 전체의 전력망이 마비되는 일도 벌어질 수 있다. 진짜 '블랙아웃'이 올 수 있는 것이다. 진정으로 대한민국의 '안보'를 걱정하는 사람이라면 이런 문제부터 관심을 가져야 할 것이다.

어쨌든 발전소를 한 곳에 몰아 짓는 것도 문제이고, 그 전기를 송전하기 위해 필요하다고 해서 76만5천 볼트 같은 엄청난 전압의 송전선을 건설하는 것도 문제이다. 그래서 송전선이 불안정해서 또다시 송전선을 건설해야 하는 어처구니없는 상황이 되풀이되고 있는 것이다.

지금 얘기한 것이 핵심 줄거리이다. 그러나 이것을 좀더 자세하게 이해할 필요가 있다. 정말 중요한 얘기이기 때문이다. 이제 이 문제를 하나하나 자세히 짚어보려고 한다.


## 송전선의 종류


나도 밀양 송전탑 문제로 초고압 송전선에 대해 관심을 갖게 되었지만, 그 전에 송전선에 대해서는 아는 것이 없었다. 등산 가서 산에 있는 송전탑을 쳐다본 정도가 송전탑을 경험한 전부였다.

처음에는 송전선의 전압도 외우지 못했다. 765킬로볼트(kV)라고도 하고 76만5천 볼트(V)라고도 하는 걸 들었는데, 1,000볼트가 1킬로볼트라는 것도 나중에 생각해 냈을 정도였다.

알고 보니, 우리나라의 고압 송전선은 크게 3종류가 있었다. 가장 전압이 높은 것이 76만5천 볼트, 그 다음이 34만5천 볼트, 그리고 15만4천 볼트 송전선이 있다. 6만6천 볼트 송전선도 있기는 하지만, 차지하는 비중은 매우 적다. 우리가 가정에서 쓰는 전기의 전압이 220볼트인 것을 생각하면, 76만5천 볼트, 34만5천 볼트, 15만4천 볼트가 얼마나 높은 전압인지를 느낄 수 있다.

뒤에서 다시 설명하겠지만, 전기는 전자의 흐름이다. 더 많은 전자의 흐름을 만들기 위해서는 전압을 높일 필요가 있다. 그래서 멀리 전기를 송전할 때에는 전압을 최대한 높이려고 한다. 발전소에서 전기를 송전하기 전에 전압을 높이는 것이다. 그리고 초고압 송전선을 통해 송전을 한 다음에 소비자에게 배분하는 단계에서 다시 전압을 낮추게 된다.

76만5천 볼트와 34만5천 볼트의 경우에는 발전소에서 생산한 대규모 전력을 전송하는 역할을 한다. 76만5천 볼트 송전선의 경우에는 이미 우리나라에 3개 노선이 깔려 있다. 충남 서해안의 당진 화력 발전단지에서 출발해 신서산 변전소를 거쳐 신중부 변전소까지 가는 송전선(당진-신서산-신중부)과 동해안의 울진 원전에서 출발해서 신태백 변전소를 거쳐 신가평 변전소까지 가는 송전선(울진-신태백-신가평), 그리고 신가평 변전소와 신안성 변전소를 잇는 송전선(신가평-신안성)이 있다. 그리고 경남 밀양을 지나가는 76만5천 볼트 송전선은 신고리 원전에서 출발해서 북경남 변전소까지 가는 4번째 76만5천 볼트 송전선이다.

이런 초고압 송전선이 필요한 이유는 발전소와 소비지 사이의 거리가 멀리 떨어져 있기 때문이다. 장거리 송전을 위해 발전소에서 전기의 전압을 올려 76만5천 볼트, 34만5천 볼트, 15만4천 볼트 송전선

[그림 2-2] 송·배전 개념도

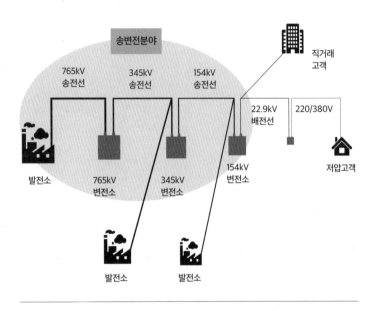

으로 전기를 보내고, 나중에 최종 소비자에게 전기를 공급('배전'이라고 한다)할 때에는 다시 전압을 낮추는 것이다.

이렇게 전압을 변경하는 곳을 변전소라고 한다. 그리고 송전선로와 변전소를 거친 전기를 최종 소비자에게 전달하는 선로를 배전선로라고 한다. 우리가 보는 전봇대에 걸려 있는 전선이 배전선인 것이다.

지금 설명한 것이 우리나라 송전-배전의 기본개념이다. 그러나 전기의 원리에 대해 좀더 이해하는 것이 필요하다. 전기기술을 공부하자는 얘기가 아니다. 이런 정도의 지식을 알아야 하는 까닭은 "우리가 어떻게 해야 정의롭고 지속가능하게 전기를 쓸 수 있겠는가?"를 스스로 판단하고, 또 다른 사람을 설득할 수 있는 실력을 갖기 위해서다.

나도 정말 문외한의 입장에서 시작했지만, '송·변전'에 관한 책을 사서 뒤져보고 정부와 한전, 전력거래소 등에서 나온 자료들을 보면서, 하나하나 원리를 이해할 수 있었다. 진짜 전기 문외한이, 여러 책들과 자료를 뒤져서 이해한 전기에 관한 핵심지식은 이런 것이다.

---

**전력계통이란 무엇인가?**

전기에 관련된 자료를 보면, '전력계통'이라는 말이 나온다. 최근 정부는 '전력계통감독원'이라는 기관을 새로 설립하는 것을 추진하고 있기도 하다. '전력계통'이란 전기의 원활한 흐름과 품질 유지를 위해 발전소-송전선-변전소-배전선에 이르는 일련의 과정을 통제·관리하는 체계를 말한다.

전력계통의 '신뢰도'라는 말도 자주 나오는데, 이것은 한마디로 말해서 정상상태는 물론 고장이 났을 때에도 전기를 공급해 줄 수 있느냐를 말하는 것이다. 고장이 났을 때에도 전력계통이 붕괴하지 않고 전기를 공급할 수 있으면 "신뢰도가 있다"고 할 수 있다.

## 전기는 흐름이고, 저장하기 어렵다*

전기는 도체를 통한 전자의 흐름을 말한다. 여기서 '도체'란 전기를 잘 전달하는 물체를 의미한다. 은이나 구리 같은 것이 전기를 잘 전달하는 도체여서, 이런 물질로 전선을 만든다.

이런 전자의 흐름, 즉 전기는 발전기에서 시작된다. 그리고 전기는 송전선을 통해 전송되어, 배전선을 통해 소비자가 쓰는 전기제품들로 흘러갔다가 다시 발전기로 반송된다. 발전기는 흐름을 일으키는 역할을 하는 것이다.

전기가 가진 특징 중 하나는 저장하기가 쉽지 않다는 것이다. 건전지를 사용하기는 하지만, 아주 작은 용량이다. 아직까지 전기를 대규모로 저장하는 것은 기술적으로 어려움이 많다. 저장이 안 되기 때문에 "남을 때 모아뒀다가 모자랄 때 쓰는 것"이 불가능하다.

그래서 발전-송전-배전으로 이어지는 전력계통에서는 공급과 수요가 일치하도록 운용하는 것이 중요하다. 여름의 더운 날처럼 전기 수요가 늘어날 때에는 공급을 늘리기 위해 발전기를 더 돌리고, 봄이나 가을처럼 전기를 덜 사용할 때에는 공급을 줄여서 공급-수요의 균형을 맞추는 것이다. 실제로 전기는 늘 모자라는 것이 아니다. 우리

---

* 이 부분은 『전력산업의 이해』(김영창 지음, 대한전기학회, 2012)를 많이 참조하였다.

나라의 경우에는 여름철의 더운 날, 그리고 겨울철의 추운 날에만 모자랄 가능성이 있다. 냉·난방을 위해 전기수요가 몰리기 때문이다.

그리고 하루 24시간 동안에도 전력소비량은 계속 변한다. 사람들이 활동하지 않는 밤에는 전력소비가 줄어들기 때문에 발전기를 덜돌려도 된다. 그러나 원전이나 석탄화력발전의 경우에는 한번 가동을 하면 계속 돌리기 때문에, 정부가 '심야전기'를 사용하도록 권장하기도 했다. 밤에 전기를 더 쓰도록 만든 것이다.

저장이 안 되는 전기는 일단 발전기에서 나오면 빛의 속도(1초에 30만 킬로미터)로 전달된다. 그리고 대한민국의 전력계통은 섬 지역을 제외하면 하나로 연결되어 있다. '단일 계통'이라고 한다. 그래서 아쉽게도 내가 지금 쓰고 있는 전기의 흐름이 구체적으로 어디에 있는 발전소에서 나온 것인지를 알 수는 없다. 전기는 계속 흐르기 때문이다.


## 직류와 교류

전기에 관해 공부하다 보면 직류, 교류 같은 말이 나온다. 송전선도 직류송전선이 있고 교류송전선이 있다.

직류는 항상 일정한 방향으로 전류가 흐르는 것이다. 교류는 전류의 크기와 방향이 주기적으로 변하는 것이다. 이렇게 설명해도 좀 어렵다. 그러나 직류, 교류 같은 말은 더 쉽게 설명할 방법이 없다.

어쨌든 직류와 교류라는 것이 있는데, 전기를 사용하기 시작한 초창기에 직류가 좋은가, 교류가 좋은가 하는 논쟁이 치열하게 있었다. 우리가 잘 아는 발명왕 에디슨은 직류를 선호했다. 그는 백열전구를 발명했고, '에디슨전기 조명회사'를 설립하여 최초의 발전소를 지었다. 그런데 문제가 있었다. 직류로는 전압을 높이거나 낮추기 어려워서 먼 거리를 송전할 수 없었던 것이다.

그런데 교류는 송전할 때에는 전압을 높이고, 소비자가 사용하는 단계에서는 다시 전압을 낮출 수 있었다. 1896년 미국에서 20마일에 달하는 교류송전선이 건설되어 전등을 밝히고 전차를 운행하게 되면서 싸움은 끝났다. 교류가 직류와의 싸움에서 이긴 것이다. 대세는 교류가 되었다.

그런데 최근에는 다시 직류가 주목받고 있다. 반도체 기술의 발달로 직류를 사용해서도 전압을 높일 수 있게 되어 장거리 송전이 가능하게 된 것이다. 그래서 점점 더 직류송전선이 많이 사용되고 있다. 우리나라에서는 대부분 교류송전을 하고 있지만, 예외적으로 직류송전을 하고 있는 곳이 있다. 바로 제주도와 육지를 연결하는 해저 송전선이 직류이다. 제주도 안에도 발전소들이 있지만, 그것만으로는 전기가 모자라서, 육지에서 전기를 끌어다 쓰고 있다. 여기에 직류송전을 하고 있는 것이다. 그래서 육지에서 생산된 교류 전기를 제주도로 보낼 때에는 직류로 바꾼 다음, 해저 케이블을 통해 전송하고, 제주도에 도착한 직류 전기는 다시 교류로 변환하여 소비자에게 전달한다.

최근에는 직류송전이 장거리 송전을 할 때에 더 싸고, 인체에 미치는 영향도 적다는 주장이 제기되면서, 직류-교류 논쟁이 다시 불붙고 있다. 그리고 앞서 언급한 것처럼, 우리나라에서도 당진 화력발전소에서 출발하는 76만5천 볼트 송전선의 문제점을 보완하기 위해 정부와 한전이 또다른 선로를 건설하면서, 그 구간 중 일부(북당진-서안성)를 초고압 직류송전선HVDC으로 건설하는 계획을 추진하고 있다.


## 중앙집중식 발전이 초고압 송전선을 낳는다

지금 설명한 전기에 관한 상식을 바탕으로, 지금부터 본격적으로 송전선 문제에 대해 얘기해 보자.

우선 전기를 쓴다고 해서 반드시 초고압 송전선이 필요한 것은 아니다. 만약 소비지 부근에서 발전을 하면, 장거리 송전선은 필요가 없다. 아주 간단한 이치이다. 그래서 어떻게 발전을 하느냐가 중요하다.

세상에는 전기를 생산하는 다양한 발전소들이 있다. 원전, 석탄화력발전소, 천연가스LNG발전소, 석유화력발전소, 태양광·풍력·바이

오매스·수력·지열 같은 재생가능에너지 발전소, 연료전기 같은 신에너지발전소 등이 있다. 이 발전소들을 여러 가지 방식으로 분류할 수 있겠지만, 가장 중요한 분류는 바로 중앙집중식 발전과 지역분산형 발전이다.

중앙집중식 발전은 대규모 발전소를 짓고 소비지까지 송전선을 건설해 전기를 보내는 방식이다. 반면 지역분산형 발전은 전기를 소비하는 곳에서 전기를 생산하는 것이다. 지역분산형 발전을 하게 되면, 송전선은 필요하지 않게 된다.

전기를 대규모로 생산하는 중앙집중식 발전으로 대표적인 것은 원전과 석탄화력발전소이다.

우선 원전에 대해 살펴보면, 원전은 핵분열 과정에서 나오는 뜨거운 열로 물을 끓여서 증기터빈을 돌리는 방식으로 발전을 한다. 석탄화력발전소가 석탄을 때서 물을 끓인다면, 원전은 핵분열로 물을 끓이는 것이다. 이런 원전에 손을 댄 나라는 의외로 많지 않다. 전 세계적으로 원전을 시작한 나라는 34개국에 불과하다.

석탄화력발전소는 석탄을 연소시켜 물을 끓여 증기를 만들고, 이 증기가 증기터빈을 돌리는 방식으로 발전을 한다. 문제는 석탄을 때면 이산화탄소 같은 온실가스가 대량으로 배출된다는 데 있다. 그리고 질소산화물, 황산화물, 미세먼지 같은 대기오염 물질들도 배출된다. 그래서 석탄화력발전소로 인한 피해도 크다.

원전이나 석탄화력발전소 같은 중앙집중식 발전 방식은 장거리 송전선 건설을 필요로 하게 된다. 이런 발전소들은 연료공급이 쉽고 냉각수(발전소에서 나오는 뜨거운 열을 식히기 위해 필요한 물)를 구하기 쉬운 곳에 짓게 된다. 대한민국의 경우에 원전은 모두 바닷가에 있고, 석탄화력발전소들도 주로 바닷가에 있다. 그런데 이렇게 생산된 전기를 소비지까지 보내려면 초고압 송전선이 반드시 필요해지는 것이다.

## 지역분산형 발전이 대세

천연가스는 화석연료이긴 하지만, 온실가스 배출량이 석탄화력에 비해 절반 이하로 적고, 대기오염물질 배출도 적다. 천연가스 발전은 다시 증기터빈, 가스터빈 같은 방식으로 나뉜다. 증기터빈은 천연가스를 연소시켜 물을 끓여 증기터빈을 돌리는 방식이고, 가스터빈은 물을 끓이지 않고 가스를 직접 연소시켜 터빈을 돌리는 방식이다. 복합사이클 가스터빈은 가스터빈과 증기터빈을 복합적으로 이용하는 방식인데, 가스터빈 방식에서 연소한 후에 나오는 배기가스를 이용해 증기를 발생시켜 증기터빈을 구동하는 방식이다. 두 번 전기를 생산하는 셈이어서 효율이 좋다. 그리고 남은 열을 난방에도 이용하는 열병합발전도 한다. 그래서 요즘에는 복합사이클 가스터빈 방식을 많

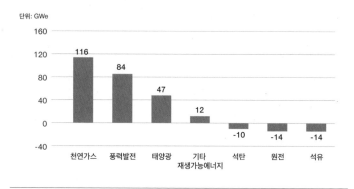

[그림 2-3] EU의 발전 종류별 설비 순증감 현황 (2010-2012년)

단위: GWe

출처: 유럽풍력발전연합(EWEA), 「세계핵산업동향보고서」, 2013.

이 사용한다. 두 번 전기를 생산할 수 있기 때문이다.

천연가스발전은 온실가스와 대기오염 물질이 적다는 장점도 있지만, 또다른 장점도 있다. 천연가스발전은 원전이나 석탄화력과는 달리 용량이 작아도 된다. 그리고 소비지 인근에 설치하기 쉬워서 지역 분산형 발전방식에 적합하다. 출력을 조정하기도 쉬워서 전기가 부족하지 않을 때에는 발전소를 쉬게 하고, 전기가 모자랄 때에는 발전소 출력을 올릴 수 있다.

재생가능에너지는 후쿠시마 원전 사고 이후에 많은 주목을 받고 있다. 이런 발전 방식도 지역분산형 발전에 적합하다. 소비지 부근에서 발전을 할 수 있기 때문이다. 태양광, 풍력, 수력, 바이오매스, 지열

등의 재생가능에너지 자원을 이용해서 자기 지역에서 전기를 생산하고 그 지역에서 소비할 수 있다.

천연가스나 재생가능에너지 같은 지역분산형 발전방식이 확대되면 송전선을 건설할 필요성이 줄어든다. 소비지 부근에서 전기를 생산해서 쓰니까, 먼 거리를 송전할 필요가 없어지는 것이다.

[그림 2-3]에서 보듯이 유럽의 경우에는 천연가스나 재생가능에너지를 활용한 지역분산형 발전이 대세이다. 풍력발전은 대폭 증가한 것을 볼 수 있고, 태양광도 마찬가지이다. 그리고 화석연료 중에서도 온실가스 배출량이 적고 지역분산형 발전에 적합한 천연가스발전이 증가한 것을 볼 수 있다. 반면에 원전이나 석탄, 석유발전은 감소한 것을 볼 수 있다.

## 제2, 제3의 밀양이 예정되어 있다

그런데 대한민국은 여전히 중앙집중식 발전 방식에 의존하고 있다. 정부가 「2차 국가에너지기본계획」을 수립하면서, 장기적으로는 지역분산형 발전으로 전환하겠다고 발표했지만, 말장난에 불과하다. 지금 계획하고 있는 어마어마한 발전소와 송전선들을 계획대로 다 건설하겠다는 것이기 때문이다. 한마디로 립서비스로만 '지역분산형 발전'을 언급하고 있는 것이다.

2013년에 발표된 「6차 장기 송·배전설비계획」에서도 추가 초고압 송전선 건설계획은 이어지고 있다. 현재 총연장 3만1,600킬로미터 송전선은 2027년에는 3만8,600킬로미터로 7,000킬로미터가 더 늘어날 예정이다.

76만5천 볼트 송전선의 경우에는 신울진-강원-신경기로 이어지는 신규 송전선 계획이 추진되고 있다. 이 송전선이 추진되면 강원도 곳곳에 거대한 송전탑이 들어서게 된다. 그리고 이 송전선의 끝에는 신경기 변전소가 건설될 예정이다.

그리고 34만5천 볼트 송전선의 건설계획도 다수 존재한다. 충남 당진의 경우에는 당진 화력발전단지-북당진 간 34만5천 볼트 송전선과 북당진-신탕정 간 34만5천 볼트 송전선 등이 추진되고 있다.

대한민국은 전 세계에서 초고압 송전선이 가장 빽빽하게 깔려 있는 국가가 되고 있다.

**송전선, 어떤 피해가 있나?**

송전선이나 변전소 주변의 주민들은 많은 피해를 호소한다. 유튜브에서 화제를 불러일으켰던 영상이 있다. 초고압 송전선 밑에 형광등을 세워놓으면 저절로 불이 들어오는 영상이다. 실제로 실험을 해 보면, 그렇게 된다.

우선 건강상의 피해가 있다. 정부와 한전은 인과관계를 부정하지만, 송전선 주변 주민들은 초고압 송전선이 들어선 이후에 암을 비롯한 각종 질병이 급증했다고 얘기하고 있다. 76만5천 볼트 송전선이 지나가는 충남 당진군 석문면 교로리의 경우, 80여 가구 150여 명의 주민 중에서 현재 암 투병 중인 주민이 9명, 지난 10년 동안 암으로 사망한 주민은 30여 명이라는 언론보도가 있었다.* 34만5천 볼트 송전선이 마을 한가운데를 지나가는 충남 서산군 팔봉면의 경우에는 송전선에서 100미터 이내에 거주하는 주민 73명 중 26명이 암에 걸리기도 했다.

정부와 한전은 초고압 송전선의 건강피해에 대해 아직도 부정하려고 한다. 그러나 초고압 송전선의 건강피해를 보여주는 연구결과들도 분명히 존재한다.

세계보건기구WHO 산하 국제암연구소IARC는 2001년 6월 프랑스 리옹에서 개최한 전문가회의에서 고압 송전선로에서 발생하는 극저주파 자기계Extremely Low-Frequency Magnetic Fields를 "잠재적으로 인체에 암을 일으킬 수 있는 매개체"로 분류했다. 세계보건기구의 발암물질 분류체계에 의하면, 이는 '그룹 2B'로 'possible carcinogenic' 즉,

---

* 『한겨레』 2013. 10. 14.

'가능한 발암성'이다. 고압 송전선로 전자파가 암을 발생시킬 수 있다고 판단한 배경에는 소아백혈병에 대한 기존의 역학연구조사들이 과학적 증거로 사용되었다. 기존의 연구결과들을 종합하면, 4밀리가우스(mG, 전자파의 세기를 표시하는 단위) 이상 노출에서는 소아백혈병 위험도가 2배 증가했고, 3밀리가우스 이상 노출시 1.7배 증가한다고 평가하였다.*

이에 따라 세계보건기구WHO는 2005년 6월 전자파가 무해하다는 증거가 있을 때까지 '사전 예방적 접근방법'을 중간정책 수단으로 채택하기를 권고하고 있다. 그에 따라 네덜란드, 스위스, 이탈리아 등 일부 국가에서는 전자파 노출을 엄격히 제한하였고, 아일랜드, 미국 캘리포니아 주 등에서는 주거지로부터 자기장 발생원을 최대한 이격하도록 하는 사전 예방적 정책을 채택하고 있다.

그런데 2006년 한국환경정책평가연구원이 발간한 「고압송전선로 전자파에 대한 노출범위 설정방안」 연구보고서에 따르면, 우리나라에서도 4밀리가우스를 기준으로 자기장 노출 영향범위를 설정한 결과, 15만4천 볼트 고압 송전선으로부터 자기장 노출영향 범위가 송전선에서 30~55미터인 것으로 분석되었으며, 34만5천 볼트의 경우에는 자기장 노출영향 범위가 70~90미터로 예측되었다. 그렇다면

---

* 환경보건시민센터, 「고압 송전선로 전자파, 암을 일으킬 수 있다」, 2013. 10.

76만5천 볼트는 영향범위가 더 넓을 것이다. 이런 자료들을 볼 때, 초고압 송전선이 인체에 미치는 영향은 이제 부정할 수 없다.

송전선 주변 주민들은 소음 피해도 호소하고 있다. 안개가 끼거나 비가 오는 날이면 소음이 더욱 심해진다. 잠을 못 이룰 정도라고 한다. 충남 서산시 팔봉면 주민들은 1년 365일 중에서 200일 정도를 소음에 시달린다고 얘기한다. 날씨가 안 좋으면 불꽃이 튀는 '코로나 현상'이 나타나기도 한다.

또한 송전탑의 규모가 워낙 거대하기 때문에 경관피해도 크다. 76만5천 볼트 송전탑(2회선)의 경우에는 평균 높이가 100미터가 넘는다. 34만5천 볼트 송전탑도 평균 높이가 50미터에 달한다. 전압이 높아지면 전자파의 위험성도 커지기 때문에, 송전탑의 높이를 높여서 송전선과 땅 사이의 거리를 더 많이 떼놓아야 하는 것이다.

지가 하락으로 인한 피해도 공통적으로 호소하는 부분이다. 초고압 송전선 건설계획이 발표되는 순간부터 주변 토지는 거래가 되지 않는다. 금융기관은 담보로도 받지 않는다. 2012년 1월에 밀양에서 자살한 70대 농민이나 2013년 12월 자살한 또다른 농민의 경우에도 초고압 송전선이 본인 소유의 땅 주변을 지나가게 되면서 지가 하락 피해를 입게 된 경우였다. 그러나 정부의 보상은 송전탑 양쪽 끝선에서 좌우 3미터까지로 제한되어 있었다. 그것이 2014년 7월부터 「송·변전설비 주변지역의 보상 및 지원에 관한 법률」(이하 '송주법'이라 한다)이 시행되면서 일부 보상범위가 확대되었다. 76만5천 볼트의 경우에는 33미터, 34만5천 볼트의 경우에는 13미터까지 지가 하락에 대한 보상이 된다.

그러나 바뀐 법 규정은 기존의 송전선에 대해서는 적용되지 않는다. 또한 새로 완공되는 송전선의 경우에도 보상범위가 너무 좁다는 문제가 있다.

---

**전자파 허용기준치**

스웨덴 왕립 카롤린스카 연구소가 스웨덴에서 송전선로 인근 300미터 이내에 사는 인구와 그렇지 않은 인구에 대해 20~30년간 장기 추적조사를 해 보았다. 카롤린스카 연구소는 조사결과 암 발생빈도가 유의미하게 차이난다는 결과를 1990년대에 발표했다. 그리고 스웨덴은 이런 조사결과를 바탕으로 2밀리가우스를 노출기준으로 설정하고 있다.

그런데 우리나라는 833밀리가우스를 노출기준으로 설정하고 있다. 과연 이런 기준을 신뢰할 수 있을까? 스웨덴이 2밀리가우스를 기준으로 설정한 것은 나름대로 자신들이 직접 행한 조사결과가 있기 때문이다. 이런 조사를 하지도 않고, 무조건 '안전하다'고 주장하며 그것을 믿으라고 하는 것은 도저히 납득하기 어려운 일이다.

---

## 심각한 지역간 불평등문제

초고압 송전선이 들어서면, 위에서 설명한 피해를 입기 때문에 주민들은 반대를 하는 것이다. 아마 누구든 자기 집 옆에 초고압 송전선이 지나간다고 하면 좋아할 사람은 없을 것이다.

어떤 사람들은 "송전탑 반대하는 주민들은 전기 안 쓰고 사냐?"고 얘기하기도 한다. 그러나 그것은 문제의 본질을 잘못 파악한 것이다. 예를 들어, 경남 밀양에 건설중인 송전탑은 밀양 주민들이 쓰는 전기와는 무관하다. 밀양을 지나가는 76만5천 볼트 송전선은 고리-신고리 원전단지에서 출발해 경남 밀양을 지나, 경남 창녕에 있는 북경남 변전소로 간다. 그리고 그곳에서 34만5천 볼트로 전압이 낮춰져서 대구·경북 지역으로 가게 되어 있다. 밀양에서 쓰는 전기와는 무관한 것이다. 그런데 피해는 밀양의 주변마을 주민들이 고스란히 입게 된다.

지금 경기도 동쪽지역(여주, 이천, 양평, 광주)에 들어서려고 하는 신경기 변전소, 그리고 동해안의 울진-신울진 원전단지에서 신경기 변전소까지 건설되려고 하는 76만5천 볼트 송전선 문제도 마찬가지이다. 강원도는 자기 지역에서 필요한 전기(237만 킬로와트)의 4배 가까운 919만 킬로와트를 생산하고 있다.(2015년 예측기준) 그런데 「6차 전력수급기본계획」에 따르면, 강원도는 2027년에 자기 지역 수요(312만 킬로와트)의 8배에 가까운 2,494만 킬로와트의 발전설비를 갖추게 된다. 그 발전소에서 생산된 대부분의 전력은 수도권으로 보내지게 된다. 그것을 위해 강원도에는 이미 1개의 76만5천 볼트 송전선이 있음에도, 또다른 76만5천 볼트 송전선이 지나가게 되는 것이다.

그리고 경기도 동쪽지역에 신경기 변전소라는 어마어마한 규모의 변전소가 들어서게 되는 것이다.

발전소 주변지역도 마찬가지이다. 원전이 들어서게 되면, 직접 토지보상을 받거나 하는 주민들을 제외하고는 피해를 볼 수밖에 없다. 원전 주변지역에서는 방사능으로 인해 암 등의 질병에 걸리는 경우가 많다는 것도 증명되고 있다. 2014년 10월 17일 부산지방법원 동부지원은 원전이 갑상선암 발병의 원인이 된다는 인과관계를 인정하는 판결을 내리기도 했다. 석탄화력발전소의 경우에도 주변에 주는 피해가 크다. 석탄화력발전소는 미세먼지와 질소산화물, 황산화물 같은 대기오염 물질을 내뿜는다. 냉각수로 바닷물을 끌어다 쓰고 배출하면, 주변 바다 생태계에도 피해를 입힌다.

결국 중앙집중식 전력시스템에서는 전기를 많이 쓰는 대공장과 대도시 때문에 조용한 시골마을이 망가지고, 지역주민들이 일방적으로 피해를 보는 일이 반복적으로 일어난다. 이것은 정의롭지 못하고, 지역간 형평성에도 맞지 않다.


**송전선 지중화 비용은 요청자 부담?**


송전선을 땅 밑으로 지나가게 하는 '지중화'도 논란거리이다. 송전선에는 지상으로 지나가는 가공선로와 지중화된 선로가 있다.

지중화를 하더라도 전자파는 나오지만, 요즘에는 도로를 따라 지중화를 하는 경우가 많아서 최소한 송전선이 마을이나 논밭을 가로지르지는 않게 된다. 주거지역과 거리를 두고 지중화를 하게 되면, 인체에 미치는 영향도 줄일 수 있다. 그리고 지중화를 하게 되면 자연환경이나 경관에 주는 피해도 적다. 그래서 서울 시내와 서울 부근에서는 있던 송전선을 지중화한 사례들이 많다.

문제는 누가 지중화 비용을 부담하느냐 하는 것이다. 정부와 한전은 '요청자 부담 원칙'을 들고 나온다. 지중화를 해 달라고 요청하는 주민들이나 해당 지역의 지방자치단체가 비용 부담을 하라는 것이다. 그런데 지중화 비용은 수백억, 수천억 원에 달한다. 그 비용을 시골 주민들이나 지방자치단체가 부담할 수는 없다.

상식적으로 생각하면, 지중화 비용은 전기를 공급받는 소비자(특히 전기를 많이 쓰는 큰 공장이나 큰 상업용 건물)이 부담하는 것이 맞다. 송전선이 지나가는 마을 주민들이 그 전기를 쓰는 것도 아닌데, 지중화 비용을 그 주민들에게 부담하라는 것은 이치에 맞지 않는다.

게다가 서울 등 대도시는 지중화된 비율이 높다. 그런데 시골에 대해서만 지중화를 해 주지 않고, "필요하면 당신들이 돈을 내라"고 하는 것은 정말 무책임한 태도이다.

## [그림 2-4] 행정구역별 지중화율 (2010년 12월 기준)

| | 행정구역 | 선로 길이 (C-km) | | | 지중화율(%) |
|---|---|---|---|---|---|
| | | 가공선로 | 지중선로 | 합계 | |
| 1 | 서울 | 124.4 | 823.6 | 947.9 | 86.9 |
| 2 | 인천 | 270.1 | 395.2 | 665.3 | 59.4 |
| 3 | 부산 | 451.3 | 326.2 | 777.6 | 42.0 |
| 4 | 광주 | 199.9 | 110.1 | 309.9 | 35.5 |
| 5 | 제주 | 348.6 | 180.0 | 528.6 | 34.0 |
| 6 | 대구 | 430.5 | 164.3 | 594.8 | 27.6 |
| 7 | 대전 | 298.1 | 112.9 | 411.0 | 27.5 |
| 8 | 경기 | 4,482.0 | 529.6 | 5,011.6 | 10.6 |
| 9 | 울산 | 740.5 | 33.8 | 774.3 | 4.4 |
| 10 | 전북 | 2,000.4 | 83.4 | 2,083.8 | 4.0 |
| 11 | 경남 | 3,190.1 | 79.4 | 3,269.4 | 2.4 |
| 12 | 전남 | 3,024.7 | 68.2 | 3,092.8 | 2.2 |
| 13 | 충북 | 1,838.2 | 24.1 | 1,862.3 | 1.3 |
| 14 | 충남 | 3,030.5 | 35.0 | 3,065.5 | 1.1 |
| 15 | 경북 | 4,070.9 | 35.7 | 4,106.5 | 0.9 |
| 16 | 강원 | 3,238.7 | 9.9 | 3,248.7 | 0.3 |
| 합계 | | 27,739 | 3,011 | 30,750 | 9.8 |

출처: 한전, 「가공선로 지중화사업의 합리적 추진방향 연구」, 한국산업개발연구원, 2011.

## 송전선 건설로 누가 돈을 버나?

발전소와 마찬가지로, 송전선도 경제적 이해관계가 걸려 있다. 1996년 1월 31일 「매일경제」 신문에는 짤막한 기사가 실렸다. 우리나라 최초의 76만5천 볼트 송전선 공사였던 신태백-신가평 송전선의 1공구 공사를 현대건설이 483억 6천만 원에 수주했다는 기사였다. 경남 밀양을 지나가는 76만5천 볼트 송전선 공사에는 삼성물산이 일부 구간을 수주했다. 송전선 건설공사에도 재벌 대기업들이 참여하고 있는 것이다. 물론 이들이 직접 공사를 하는 것은 아니다. 이들은 하청을 준다. 결국 중간에서 일정한 이익만 취하고 실제 일은 하청업체가 하는 것이다.

이런 송전선 건설사업도 만만치 않은 이권이 걸려 있다. 한전은 2007년부터 2010년까지 4년 동안 무려 17조 9천억 원을 송전선, 변전소, 배전설비 건설 및 확충에 투입했다고 한다. 어마어마한 규모이다.

필요성과 타당성에 관해 많은 논란이 있었던, 밀양을 지나가는 76만5천 볼트 송전선(신고리-북경남 송전선)의 경우에는 총공사비가 5,200억 원에 달했다. 철탑 161기를 세우고 송전선을 거는 데 그 정도의 액수가 들어가는 것이다.

재벌 대기업은 아니지만, 송전선 건설을 전문으로 하는 기업들도 있다. 이 기업들도 돈을 잘 번다. 강원도 홍천 동막리에서 골프장을 추진하는 현장을 방문한 적이 있다. 불법으로 묘지를 훼손하고 산림을 훼손했다는 논란이 있는 지역이다. 그런데 이곳에서 골프장을 추진하는 기업(세안레져산업 주식회사)의 모기업이 경남 밀양에서 송전선 건설공사를 맡은 세안이엔씨(주)라는 곳이었다. 실제로 세안이엔씨(주)에서 나온 자금(대여금 395억 원)으로 골프장 사업이 추진되고 있었다. 환경을 파괴해서 번 돈으로 또다른 곳에서 환경파괴를 하고 있는 셈이었다.


**과연 송전선 건설이 답인가?**


이런 식으로 송전선을 건설하는 게 답이 아니라는 것은 분명하다. 앞서 살펴본 것을 요약하면 간단하다. 송전선을 건설하지 않고도 전기 문제를 해결할 수 있는 지역분산형 발전을 하면 된다. 정부도 앞으로는 그런 방향으로 가야 한다는 것을 인정한다.

그런데 정부는 말로만 지역분산형 발전을 얘기하면서, 지금까지 해오던 방식대로 원전과 석탄화력발전소 같은 대규모 발전소를 바닷가에 짓고 송전선 건설을 밀어붙이고 있다. 그 과정에서 송전선으로 인한 지역주민들의 피해는 점점 더 커지고 있다. 이런 과정을 통해 이익을 보는 것은 원전이나 석탄화력발전소를 짓는 기업들, 그리고 송전선 건설공사를 하는 기업들뿐이다.

더구나 정부는 76만5천 볼트 송전선을 도입하는 실책을 저질렀다. 76만5천 볼트 송전선을 우리나라처럼 2회선으로 건설할 경우에, 그 송전선에서 사고가 날 경우의 충격이 매우 크다. 그런 점을 충분히 고려하지 못한 채 76만5천 볼트 송전선을 도입하는 바람에, 송전선이 송전선을 낳는 어처구니없는 일이 벌어지고 있다.

지금 얘기한 것들이 밀양 송전탑 싸움에 관여하면서 알게 된 진실이다. 그리고 여러 언론에 글과 인터뷰를 통해 얘기해 온 사실이다. 한전과 정부는 이 얘기에 대해 그 어떤 논리적인 반박도 하지 못했다.

그러면서도 2013년 10월부터 밀양 송전탑 공사를 강행했다. 송전탑의 필요성이나 타당성에 대해 설명하지 못하면서 "국책사업이니까 해야 한다"는 말만 되풀이했다. 그리고 2014년 7월부터는 밀양 송전선과 연결된 경북 청도군 삼평리 송전탑 공사 현장에서도 공사를 강행했다. 청도 삼평리는 경남 밀양을 통과한 76만5천 볼트 송전선이 북경남 변전소에서 34만5천 볼트로 낮춰진 다음에 지나가는 곳이다.

스스로 설명하지 못하는 사업을 힘으로 추진하는 것은 민주주의 국가에서 있어서는 안 될 일이다. 그리고 지금까지 밝혀진 사실만 하더라도, 밀양 송전탑 공사는 불필요한 것이었고, 해서는 안 되는 것이었다.

## 밀양 송전선 사업을 둘러싼 의혹들

2005년부터 시작된 밀양 송전탑 문제는 결국 고리-신고리 원전단지 때문에 시작된 문제이다. 신고리 원전과 북경남 변전소 사이 90.5킬로미터의 76만5천 볼트 송전선을 건설하고, 그것을 위해 161개의 송전철탑을 꽂겠다는 것이 이 사업의 내용이다. 밀양에 들어서는 송전탑은 높이가 최고 140미터에 달한다.

정부와 한전은 고리-신고리 원전단지에 들어서는 원전들 때문에 신고리-북경남 송전선 건설이 필요하다고 주장한다. 그러나 내용을 들여다보면 수많은 의문점들이 제기된다.

우선 수백 킬로미터 이상의 장거리 송전용으로 건설하는 76만5천 볼트 송전선을 불과 90여 킬로미터 송전을 위해 건설한다는 것 자체가 맞지 않다. 사실 밀양을 지나가는 송전선은 북경남 변전소를 거쳐 수도권까지 76만5천 볼트로 올라갈 예정이었다. 그런데 2006년 「3차 전력수급기본계획」에서 수도권 연결계획은 폐기가 되었다. 그렇다면 굳이 76만5천 볼트 송전선 건설을 강행할 이유가 전혀 없었다. 신고리-북경남까지만 76만5천 볼트로 와서 그대로 34만5천 볼트로 낮출 것이라면, 처음부터 34만5천 볼트로 해도 될 일이었다.

따라서 이 사업을 76만5천 볼트로 추진한 것 자체가 잘못된 것이었다. 그로 인해 76만5천 볼트를 34만5천 볼트로 낮추기 위해

2,300억 원을 들여 북경남 변전소를 건설했고, 훨씬 더 단축한 노선으로 정할 수 있었는데도 결과적으로는 돌아가는 송전선로를 건설하게 되었다. 송전선 자체의 필요성 문제를 떠나서, 76만5천 볼트로 했기 때문에 우리가 전기요금으로 낸 수천억 원이 날아간 것이다.

더 근본적으로 보면, 신고리-북경남 송전선은 고리 원전의 수명연장을 전제로 한 것이라는 문제가 있다. 지금 고리에는 6개의 원전이 운영중에 있다. 고리 1, 2, 3, 4호기와 신고리 1, 2호기가 그것이다. 그리고 신고리 3, 4호기가 가동을 앞두고 있고, 신고리 5, 6호기가 착공할 예정이다. 신고리 7, 8호기 계획도 있다. 고리-신고리 원전단지에 무려 12개의 원전이 들어서게 되는 것이다.

기존에 이 원전단지에는 3개의 34만5천 볼트 송전선(고리-신울산, 고리-신양산, 고리-울주)이 연결되어 있었다. 이를 통해 지금까지 전기를 잘 송전해 왔다. 정부와 한전의 주장은 지금 있는 6개에 신고리 3, 4호기가 추가로 가동하게 되면 송전선에 문제가 생긴다는 것이다. 그러나 이 전제 자체가 잘못이다. 고리 1호기는 이미 폐쇄했어야 하는 원전이기 때문이다. 그리고 고리 1호기만 폐쇄해도 송전선에는 여유가 있다.

고리 1호기는 30년의 설계수명으로 만들어진 원전이다. 그리고 2007년에 30년의 설계수명이 끝났다. 그런데 정부는 이 원전의 수명을 10년 연장해서 가동하고 있다. 연장한 수명도 2017년이면 끝난다.

그런데 정부는 고리 1호기의 수명을 다시 10년 재연장해서 2027년 까지 가동하려고 한다. 그리고 그것을 전제로 해서 새로운 송전선이 필요하다고 주장하고 있는 것이다.

즉 정부와 한전은 국민들 모르게 고리 1호기의 수명을 재연장하는 것을 전제로 밀양 송전탑 공사를 강행한 것이다. 만약 국민들이 이런 진실을 알았다면, 밀양 송전탑 공사에 찬성하는 사람들은 별로 없었 을 것이다. 낡은 고리 1호기의 수명 재연장에 대해서는 부산시의 여 론도 강력 반대이고, 전국적으로도 반대 여론이 매우 높기 때문이다.

그리고 고리 2, 3, 4호기도 2023~2025년이면 모두 수명이 끝난다. 그렇게 되면 송전선이 부족해질 리가 없다. 정부의 정책은 앞뒤도 맞 지 않고, 몇 년만 지나면 송전선이 남아돌 상황이 되는데도 막무가내 로 밀어붙이기만 하는 것이다.

이런 의문점들에 대해 꼼꼼하게 검토해서 밀양 송전탑이 과연 필요 한지부터 따져보는 것이 필요했다. 그런데 정부는 2014년 10월 서둘러 공사를 강행했다. 짓고 있는 신고리 3, 4호기가 완공되면 송전을 해야 하는데, 밀양 송전탑 공사를 더 늦출 수 없다는 이유였다. 그러나 어처 구니없게도 그 직후에 신고리 3, 4호기는 위조부품 때문에 완공이 지 연될 수밖에 없다는 것이 드러났다. 원전부품 비리가 드러난 것이다.

검찰의 수사결과에 따르면, 신고리 3호기에는 시험성적서가 위조 된 '제어 케이블'이라는 핵심부품이 장착되어 있었다. 제어 케이블은 원전 건물 곳곳에 깔려 있기 때문에 교체하는 데 많은 시간이 걸릴 수밖에 없었다. 따라서 밀양 송전탑 공사는 전혀 급하지 않았다. 그런데도 정부가 경찰력에 의존해 공사를 강행한 것은 부당한 것이고, 밀양 주민들의 인권을 유린한 것이었다. 국민이 정책에 대해 의문을 표명하면, 정부는 그것에 대해 납득할 만한 설명을 할 수 있어야 한다. 그런데 그렇게 하지 않고 힘으로만 밀어붙인다면, 그런 정부는 정당한 정부라고 할 수 없다.


## 2027년이 되면 모두 '불안정'해지는 76만5천 볼트 송전선


밀양의 송전탑 공사는 마무리된 상태다. 그러나 '밀양'은 끝난 것이 아니다. 그 다음 초고압 송전선 건설이 또 예정되어 있기 때문이다. 지금 정부와 한전이 추진중인 신울진-신경기 76만5천 볼트 송전선과 신경기 변전소 문제가 당장의 현안이다. 정부와 한전은 2019년까지 이 송전선을 건설하겠다고 한다. 강원도와 경기도 곳곳이 송전선과 변전소 문제로 몸살을 앓게 생겼다.

그러나 이런 방식은 치명적인 문제점을 안고 있다. 앞에서도 언급한 것처럼, 76만5천 볼트 송전선은 사고가 날 경우의 불안정성 때문에 새로운 송전선을 건설하는 악순환으로 이어진다. 대규모 발전소를 한 곳에 몰아서 지어대기 때문에, 송전선을 건설해서 문제가 해결되었다가도, 또다시 문제가 생길 수밖에 없다.

[그림 2-5]는 2013년 12월에 전력거래소가 낸 「2013 중·장기 전력계통 운영전망」이라는 자료에 나와 있는 내용이다. 이 자료를 보면, 놀랍게도 2027년이 되면 모든 76만5천 볼트 송전선에서 문제가 생기는 것으로 나온다. '과도안정도'라고 하는 것에서 문제가 생긴다는 것이다.

과도안정도에서 문제가 생긴다는 것은, 송전선에서 사고가 나면 발전기 탈락으로 이어질 가능성이 높다는 것을 의미한다. 쉽게 생각하면, '안정'은 사고가 나더라도 발전기가 탈락하지 않는다는 의미이고, '불안정'은 사고가 나면 발전기가 탈락할 수 있다는 의미이다. 그런데 [그림 2-5]에서 2027년이 되면 모든 76만5천 볼트 송전선이 '×'로 표시되어 있다. '불안정'하다는 것이다. 정부가 세운 기준에 따르면, 이런 경우에는 또다시 송전선을 건설해야 한다. 정부는 과도안정도가 불안정하면 안 된다는 입장이기 때문이다. 경남 밀양에서도 마지막에 내세운 논리가 그것이었다. 기존의 송전선으로도 정상상태에서는 전기를 송전하는 데 문제가 없다는 것이 드러나자, 송전선에서 고장이 날 경우에 과도안정도에 문제가 생기니 새로운 송전선을 건설해야 한다는 논리를 내세웠던 것이다.

그런데 어처구니없는 것은 경남 밀양을 지나가는 76만5천 볼트 송

[그림 2-5] **76만5천 볼트 송전선의 과도안정도 문제**

| 고장 계통 | 2013년 | 2015년 | 2020년 | 2027년 |
|---|---|---|---|---|
| 765kV 신태백-신가평(강원) 2C | × | × | ○ | × |
| 765kV 신한울-강원 2C | - | - | ○ | × |
| 765kV 신서산-신안성(신중부) 2C | × | × | × | × |
| 765kV 신고리-북경남 2C | - | ○ | × | × |
| 345kV 영흥TP-신시흥 2C | ○ | ○ | × | × |
| 345kV 평택TP-화성 2C | × | × | ○ | ○ |
| 345kV 보령TP-청양 2C | × | × | ○ | ○ |
| 345kV 한빛NP-신광주(서광주) 2C | × | × | × | × |
| 345kV 고리NP-신양산 2C | × | ○ | × | × |

(주요 과도불안정 개소: 안정○, 불안정×)

출처: 전력거래소, 「중·장기 전력계통 운영전망」, 2013. 12.

전선이 건설되어도 불과 몇 년 후인 2020년이 되면 과도안정도가 불
안정으로 나온다는 것이다. 그 몇 년의 과도안정도를 위해서 시골의
할머니, 할아버지들에게 그런 고통을 가하고, 농민 두 명이 스스로
목숨을 끊게 만들었다는 것인가? 탄식이 나올 뿐이다.

그리고 정부의 논리대로라면, 신고리-북경남 송전선을 건설한 후
에, 과도안정도 위반 문제를 해소하기 위해 또다른 송전선을 건설해
야 한다는 것이다.

## '안전'과 '안보'를 생각한다면

정말 '안전'과 '안보'를 생각한다면, 더 이상 이런 식으로 해서는 안 된다. 앞서 살펴본 것처럼, 원전과 석탄화력발전소를 대규모로 한 곳에 몰아서 짓고 76만5천 볼트 송전선으로 연결하면, 초고압 송전선의 안정도에 문제가 생길 수밖에 없다. 송전선을 지어서 잠깐 괜찮아진 것 같다가도, 발전소를 더 짓게 되면 다시 문제가 생긴다. [그림 2-5]에서 신고리-북경남 송전선의 과도안정도가 2015년에는 괜찮다가 2020년이 되면 불안정해지는 이유는 신고리 5, 6호기가 추가되기 때문이다. 따라서 과도안정도 문제를 해소하려면 원전 건설을 중단해야 한다. 석탄화력발전소 건설도 중단해야 한다. 그리고 앞서 설명한 것처럼, 지역분산형 발전으로 전환해야 한다.

그러지 않으면 대한민국에서는 송전선 때문에 또다시 송전선을 건설해야 하는 어처구니없는 상황이 계속 반복될 뿐이다.

또한 과도안정도 위반이면 무조건 송전선을 건설해야 한다는 논리가 타당한지에 대해서도 따져봐야 한다. 물론 앞서 언급한 것처럼, 밀양을 지나가는 신고리-북경남 송전선의 경우에는 고리의 낡은 원전들이 폐쇄되면 전혀 필요가 없는 송전선이 된다. 그때까지 몇 년 동안 과도안정도에 문제가 생긴다고 해서 무조건 송전선을 건설하는 것이 옳을까? 사실 이미 과도안정도 위반 상태로 몇 년을 지내온 곳도

있다. [그림 2-5]에서 신서산–신안성(신중부) 구간은 이미 과도안정
도 위반 상태가 몇 년째 지속되고 있다.

그렇다면 사고확률을 따져보고, 사고시에 어떻게 대처할 것인지에
관한 대책을 수립하는 것이 필요하다. 밀양의 경우에는 굳이 송전탑
공사를 강행하지 않고, 이런 방식으로 문제를 풀 수도 있었다.

밀양과 관련해서, 나는 기존의 3개 34만5천 볼트 송전선으로도 충
분히 신고리 3, 4호기의 전기를 송전할 수 있다고 주장했다(고리 1호
기 하나만 폐쇄한다면). 그런데 한전은 기존의 34만5천 볼트 송전선
중에서 한 군데라도 사고가 날 경우에 발전기가 2대 정지할 수 있기
때문에 안 된다고 주장했다.

그러나 한전은 송전선에서 사고가 나서 발전기가 정지할 확률은
얼마나 되는지를 전혀 따지지 않았다. 과도안정도라고 하는 것도 일
정한 조건 속에서 계산을 하는 것이다. 최악의 조건일 때에는 발전기
가 탈락할 수 있지만, 그렇지 않은 조건일 때에는 송전선이 고장난다
고 하더라도 발전기가 탈락하지 않을 수도 있다. 또한 발전기가 탈락
한다고 해서 곧바로 정전이 되는 것은 아니다. 소규모의 발전기 탈락
에 대해서는 즉각적으로 적절한 조치를 취하면(정지한 발전기 출력만
큼 다른 발전기를 가동하거나 기존 발전기의 출력을 높이면) 전체 전력계
통에는 문제가 생기지 않을 수 있는 것이다.

실제로 우리나라에서 2000년 이후 2012년까지 송전선 고장으로

인해 발전기가 정지한 사례가 25건 있었지만, 그 중 정전이 된 사례는 단 한 건도 없었다. 우리나라의 전력시스템 규모는 상당히 크기 때문에, 발전기 1~2대가 정지한다고 해도 곧바로 대규모 정전이 일어나지는 않는 것이다.

따라서 해법은 간단하다. 우선 원전과 석탄화력발전소 건설을 재검토해야 한다. 1장에서 살펴본 것처럼, 대한민국의 발전소는 모자라지 않다. 따라서 현재 계획단계에 있는 발전소들은 짓는 것이 전혀 시급하지 않다. 특히 지금 계획하고 있는 원전들은 한 곳에 몰아서 짓는 원전들이다. 이런 원전들을 지으면 송전선에도 무리가 따를 수밖에 없다.

그리고 발전소 건설과 연결된 문제로, 새로운 76만5천 볼트 송전선 건설도 중단해야 한다. 신울진 원전 건설을 중단하고 재검토에 들어가면, 그와 연결될 새로운 송전선 건설도 재검토해야 하는 것이 당연하다.

그리고 기존에 이미 과도안정도 문제가 발생한 부분에 대해서는 전면 조사에 들어가야 한다. 그리고 사고확률을 따져보고, 문제가 있는 부분에 대해서는 대규모 정전으로 파급되지 않도록 보완대책을 세워야 한다.

몇 년간만 관리하면 되는데도 송전선 건설을 밀어붙인 신고리-북경남 송전선에 대해서는 진실규명을 철저히 해야 한다. 이 사업의 필요성·타당성에 관한 한전의 말은 오락가락했고, 전혀 신뢰할 수 없는 상황이다.

## 민주주의가 필요하다

결국 송전선 문제도 민주주의 문제이다. 송전선을 건설하지 않을 다른 대안들은 충분히 있다. 지역분산형 발전으로 전환하면, 대규모 발전소를 한 곳에 밀집해서 짓지 않으면, 송전선 건설의 필요성·타당성에 대해 철저하게 검증하면, 새로운 송전선 건설은 하지 않을 수 있다.

밀양 송전탑 문제로 한창 고민하던 당시에, 아는 분으로부터 얻은 정보가 있었다. 새로운 송전선을 건설하지 않더라도 기존 송전선의 전선을 교체해서 2배의 전기를 송전할 수 있는 방법이 있다는 것이다. 한전에 확인해 본 결과, 그런 방법도 가능하다고 했다. 그런데 그들은 주민들에게 전혀 그런 얘기를 하지 않았던 것이다. 이처럼 기술이 계속 발전하면서 송전선을 새로 건설하지 않고도 문제를 해결할 수 있는 가능성은 더 많아졌다. 송전선을 교체할 때에도 정전 없이 시공을 하는 '무정전 시공' 기법도 개발되어 있다. 그런데 한전은 이런 가능성들에 대해서는 전혀 검토하지 않고, "일단 정해졌으니까 무조건 지어야 한다"는 논리만 반복했던 것이다.

그래서 민주주의가 필요하다. 정부와 한전이 일방적으로 송전선이나 변전소 건설을 밀어붙이도록 놔둬서는 안 된다.

미국만 하더라도, 연방에너지규제위원회FERC나 주정부별 공공사업규제위원회(PUC 또는 PSC) 같은 기구가 있어서, 송전선 건설의 필요성에 대해 객관적으로 검증을 한다. 송전선을 건설하지 않고 다른 방법으로 문제를 해결할 수 없는지 검토하는 것이다. 앞서 언급한 지역분산형 발전의 가능성, 그리고 전력수요를 억제해서 문제를 풀 수 있는 가능성까지도 포함해 대안 여부를 검토하는 것이다. 우리처럼 객관적인 검증 절차도 없이 마구잡이로 송전선과 변전소를 건설하지는 않는다.

2012년 미국에서는 이런 객관적인 검증 과정을 거쳐서, 새로 추진되던 76만5천 볼트 송전선 건설사업이 실제로 취소되는 일도 있었다.

그런데 우리나라에는 이런 객관적인 검증 절차가 없다. 그리고 지역주민들의 의견, 심지어 지방자치단체의 의견까지도 완전히 무시되는 구조이다. 소수의 사람들이 '밀실'에서 결정한 것이 마치 '국가'의 의사결정인 것처럼 왜곡·과장되는 구조인 것이다.

그리고 지역주민들이 반발하면 돈으로 주민들을 분열시키고 회유하고 심지어 매수까지 한다. 심지어 검은 돈, 즉 불법적인 비자금까지 동원하기도 한다. 2014년 9월 경북 청도에서 발각된 사건이 대표적인 예이다. 한전이 경찰서장을 통해서 삼평리 할머니들에게 돈봉투를 뿌린 것이다. 뒤이어 경남 밀양에서도 유사한 사건이 있었다는 것이 드러나기도 했다.

이것은 민주주의라고 할 수 없다. 이제는 변화가 필요하다.

## 객관적인 검증기관과 양심적 전문가의 역할

미국 서부 오하이오의 석탄화력발전단지에서 생산한 전기를 76만5천 볼트 송전선로를 통해 동부 지역으로 송전하려는 계획이 추진되고 있었다. 이것은 PATH (Potomac-Appalachian Transmission Highline)라고 불리는 새로운 송전선으로, 버지니아·웨스트버지니아·메릴랜드 등 여러 주를 통과할 계획이었다.

송전사업자 쪽은 이 송전선로를 추진하면서 "2003년 미국에서 일어난 대규모 정전 사태를 피하려면 새로운 송전선로가 필요하다"고 주장했다. 그러나 반대하는 사람들은 초고압 송전선로를 건설하는 것은 정전 사태와 무관하다고 주장해왔다. 이런 논쟁이 벌어지자 조지 로라고 하는 전문가가 증언을 하기 위해 청문회에 출석했다.

조지 로는 청문회에서 "전력계통의 신뢰도는 하늘에 있는 송전선로의 수에 달려 있는 게 아니다"라고 말한다. 2003년의 대규모 정전 사태도 전력계통을 운영하는 능력이 모자라서 발생한 것이지, 송전선 수가 부족했기 때문은 아니라는 것이다.

오히려 조지 로는 초고압 송전선은 전력계통의 신뢰도를 떨어뜨린다고 지적한다. 초고압 송전선으로 전기를 보내는 방식은 고장이나 테러의 위협에 노출될 수밖에 없다는 것이다. 조지 로는 "전력계통의 신뢰도를 높이는 가장 좋은 방식은 전기 소비지 부근에서 전기를 생산해서 장거리 송전이 필요 없게 하는 방식"이라고 말한다.

조지 로의 증언은 초고압 송전선로 건설을 재검토하는 데 중요한 근거가 되었다. 그에 따라 2009년 버지니아 주의 기업규제위원회와 메릴랜드 주의 공공사업규제위원회는 이 송전선로 사업을 불허하는 결정을 내린다. 사업자도 2012년 송전선로 건설을 공식적으로 포기하는 결정을 내린다.

이처럼 객관적인 검증기관과 양심적 전문가의 역할이 중요하지만, 대한민국에는 이 둘 다가 없다. 대한민국의 전문가들은 연구용역과 같은 '이권' 때문에 독립성을 상실한 지 오래이다.

# ③

# 착한 전기는
# 가능하다

**탈핵-탈석탄화력-탈송전탑의 길**

## 대정전과 전력난의 진실

많은 국민들은 원전이 위험하다는 것을 알고 있다. 그러나 "원전이 없으면 전기를 못 쓰거나, 전기요금을 대폭 올려야 하는 것 아닐까" 하는 걱정 때문에 "원전을 줄여나가자"는 얘기를 선뜻 하지 못한다.

송전탑 건설과 관련해서도 마찬가지이다. 송전탑에 반대하는 주민들이 고통스러워하는 것을 보면 안타까워하지만, 다른 한편 "송전탑을 안 지으면 좋지만, 전기를 쓰려면 어쩔 수 없지 않을까" 하는 생각을 한다.

이런 생각은 정부와 한전, 원전마피아와 전력마피아들이 우리 국민들의 의식 깊이 새겨놓은 생각이다. 끊임없이 불안감을 주고, 끊임없이 일방적인 홍보를 하기 때문이다.

원전과 관련해서는 우리가 내는 전기요금 중에 매년 100억 원 이상을 "원전은 안전하고 깨끗한 에너지"라고 홍보하는 데 쓴다. 우리가 내는 전기요금의 3.7퍼센트만큼을 덧붙여 걷어서 '전력산업기반기금'

이라는 데 집어넣는데, 그 중에 매년 100억 원 이상을 원자력문화재단이라는 곳을 통해 원전 홍보에 쓰는 것이다. 그 외에도 한국수력원자력(주) 같은 회사가 직접 쓰는 홍보비도 많다. 정부가 직접 홍보에 나설 때도 있다.

다른 한편 정부와 한전은 국민들에게 '전력난'에 대한 불안감을 심어주었다. 특히 2011년 9월 15일에 일어났던 대정전은 그런 불안감을 심화시켰다. 기억하는 사람들은 기억할 것이다. 2011년 9월 15일에 갑자기 전기가 모자란다면서 정부가 '순환정전'을 실시했다. 예고 없이 갑자기 정전을 시킨 것이다. 그래서 엘리베이터 안에 갇힌 사람도 있었고, 공장이 갑자기 가동을 중단하는 일도 일어났다. 그 후에 정부는 '전력난'이 일어날 수 있다면서, 원전과 송전탑 건설을 밀어붙이고 있다.

그러나 과연 그 당시에 정전은 왜 일어났을까? 결론부터 말하자면 당시에 일어난 정전은 막을 수 없는 것이 아니었다. 그 사건은 정부와 전력거래소가 전력계통 운영을 잘못 했기 때문에 일어난 일이었다. 당시는 초가을이었지만, 날씨가 무더울 수 있는 상황이었다. 그런데 정부는 겨울철 전력수요에 대비한다면서 여름이 끝나자마자 발전소 23개의 가동을 중단시키고 정비를 하게 했다. 그 외에도 당시에 고장이 난 발전소들도 있었다. 그래서 갑작스럽게 늦더위가 닥치자, 일시적으로 전력공급이 전력수요를 따라가지 못하는 위급상황이 발생한 것이었다.

[그림 3-1] **발전기의 사용과 일부하곡선**

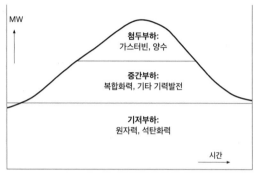

MW

첨두부하:
가스터빈, 양수

중간부하:
복합화력, 기타 기력발전

기저부하:
원자력, 석탄화력

시간

0 1 2 3 4 5 6 7 8 9 10 11 12 13 14 15 16 17 18 19 20 21 22 23 24

출처: 김영창, 「전력산업의 이해」, 대한전기학회, 2012, 47쪽.

그런 상황이었다고 하더라도, 정부와 전력거래소가 잘 대처했으면 '순환정전'까지 가지 않을 수 있었다. 아무리 갑작스럽게 더위가 닥쳤다고 하더라도 몇 시간만 잘 넘기면 되는 일이었기 때문이다.

[그림 3-1]에서 보는 것처럼, 발전기는 기저부하용, 중간부하용, 첨두부하용으로 나뉜다. 기저부하용 발전기는 하루 24시간 가동하는 발전기라고 생각하면 된다. 그리고 중간부하용 발전기는 오전부터 저녁시간까지 가동되는 발전기이다. 그리고 첨두부하용 발전기는 전기소비가 몰리는 시간대에 가동하는 발전기이다. 그림에서 보는 것처

럼, 밤이나 새벽에는 전기수요가 적기 때문에 기저부하용 발전기만 으로도 수요를 충당할 수 있다.

이렇게 하루에도 시간대에 따라 전력수요는 변동하기 때문에, 조금 만 대비를 했다면 전력수요를 분산시키는 방법은 얼마든지 있었다. 공 장의 가동시간을 조정해서 전기소비가 적은 새벽이나 오전 시간대에 공장을 가동하게 하고, 전기소비가 몰리는 오후 시간대에는 가동을 억 제하게 하는 방법도 있다. 전기를 많이 사용하는 큰 공장 중에 몇 개만 그렇게 해도 2011년 9월 15일과 같은 정전은 일어나지 않을 수 있었다.

한마디로 전력계통 운영을 담당하는 정부와 전력거래소의 무능 때 문에 대정전이 일어났던 것이다.


## 당분간 전력난은 없지만

앞서 1장에서 설명한 것처럼, 우리나라는 너무 많은 발전소들을 지 었고, 또 지을 예정이다. 이런 상황이라면 당분간 전력난이 올 리가 없다. 당장 2014년 여름부터 정부는 '전력난'이라는 얘기를 하지 않 고 있다. '절전'을 그다지 강조하지도 않는다. 오히려 정부는 자신들이 엉터리로 펼쳐놓은 정책을 정당화하기 위해, 전력소비가 늘어나기를 내심 바랄 수도 있다.

이미 그런 징조는 나타나기 시작했다. 2014년 12월 정부는 무려 원전 10기 분량의 발전설비가 남아돈다고 인정했다. 산업통상자원부에 따르면 2014년 겨울에 확보된 공급예비력은 870만 킬로와트에 달한다. 공급예비력이란, 특정 시점의 공급능력과 전력수요와의 차이를 말한다. 일반적으로 적정한 공급예비력은 400만 킬로와트 정도로 보고 있다. 그런데 적정 공급예비력보다 2배가 넘는 예비 발전설비가 확보되어 있는 셈이다. 그러니 전력난 걱정이 없는 게 당연하다. 이 정도면 천재지변이 있지 않는 이상 전력난이 올 리가 없다.

이렇게 된 이유는 간단하다. 발전소를 새로 많이 지었기 때문이다. 그리고 공급예비력이 넘쳐나는 현상은 일시적인 것이 아니다. 그동안 너무 많은 발전소를 허가해 줬고, 건설해 왔다. 그래서 당분간은 발전설비가 남아도는 현상이 구조화되어 있다. 1장에서 언급한 것처럼 2020년이 되면 설비예비율이 30퍼센트를 넘게 되는데, 이처럼 너무 많은 발전소들이 놀고 있게 되는 상황은 정부로서도 감당하기가 어려울 것이다. 이렇게 되니 정부는 '절전'을 그다지 강조하지 않는다. 지금 논란이 되고 있는 원전 건설을 밀어붙이려면 전기소비가 늘어나 주는 게 정부에게 유리할 것이다. 그렇지 않으면 불필요한 발전소를 많이 지었다는 비판에 직면하게 될 것이고, 신규 원전을 추진할 명분도 잃을 것이기 때문이다.

그렇지만 시민들의 입장에서 보면, 이런 상황은 당연히 바람직하지 않다. 전력소비를 줄이는 것이 세계적 추세인데, 대한민국만 발전소 짓고 송전선 지어가며 전기를 더 쓴다는 것은 이상하다. 원전의 위험 성과 기후변화의 심각성을 생각하면, 더이상 원전과 석탄화력발전소 들이 늘어나게 놔둬서는 안 된다.

## 그 많은 전기는 누가 다 썼나?

대한민국의 전력소비는 1993~2011년 연평균 7.3퍼센트 늘어났고, 1인당 전력소비량도 연평균 6.6퍼센트 늘어났다. 그래서 우리나라의 전기소비량은 세계 8위에 달한다. 경제규모가 세계 10위권 바깥인 데, 전기소비량은 세계 8위이니 뭔가 비정상적인 부분이 있는 것이다.

연평균 6.6퍼센트라고 하면, 얼마나 늘어난 것인지 실감하지 못 한다. '숫자의 마법'이 있기 때문이다. 매년 그 전해에 비해 6.6퍼센 트가 늘어나는 것이 누적되면 놀라운 결과가 나타난다. 18년 동안 6.6퍼센트가 누적된 결과 대한민국의 1인당 전력소비량은 1993년에 비해 2011년에 3.16배로 늘어났기 때문이다.

외국과 비교해도 그렇다. 1998년부터 2010년까지 OECD 국가들 의 전기소비량은 10퍼센트 이내로 증가해 왔다. 우리와는 대조되는 일이다.

[그림 3-2] **전력소비 추이**

| 기간 | 최대전력(만kW) | 전력 판매량(GWh) | 1인당 전력소비량(kWh) |
|---|---|---|---|
| 1993년 | 2,211 | 127,734 | 2,890 |
| 2000년 | 4,101 | 239,535 | 5,096 |
| 2005년 | 5,463 | 332,413 | 6,905 |
| 2006년 | 5,899 | 348,719 | 7,209 |
| 2007년 | 6,229 | 368,605 | 7,585 |
| 2008년 | 6,279 | 385,070 | 7,867 |
| 2009년 | 6,680 | 394,475 | 8,021 |
| 2010년 | 7,131 | 434,160 | 8,787 |
| 2011년 | 7,314 | 455,070 | 9,142 |
| 1993~2011년 연평균 증가율 | 6.9% | 7.3% | 6.6% |

출처: 전력통계정보시스템(https://epsis.kpx.or.kr/).

　그렇다면 이 많은 전기를 누가 다 쓰고 있느냐 하는 문제가 있다. 감사원은 대한민국 전기소비가 이렇게 늘어난 핵심주범을 '산업용 전기'라고 본다. 대한민국의 가정용 전기소비량은 많이 늘어났고, 그래서 절전을 하기는 해야 하지만, 전력소비 증가의 '주범'은 아니다. 대한민국의 주택용 전기소비량은 OECD 평균의 절반에 불과하다. 주택용 전력소비는 전체 전력소비에서 차지하는 비중 자체도 작다.

**[그림 3-3] 주거 부문 1인당 전력소비량 (2009년 기준)**

|  | 한국 | 일본 | 미국 | 영국 | 프랑스 | 독일 | OECD 평균 |
|---|---|---|---|---|---|---|---|
| 소비량 (kWh) | 1,183 (100) | 2,246 (190) | 4,430 (374) | 1,983 (168) | 2,639 (223) | 1,700 (144) | 2,380 (201) |

(괄호 안의 숫자는 한국을 100으로 봤을 때 다른 나라의 전력소비량임.)
출처: 감사원.

2011년 기준으로 13.5퍼센트에 불과하다.

감사원은 "GDP 대비 전력소비량이 OECD 평균의 1.75배에 이르는 등 산업용 전기를 과다하게 소비하는 것이 문제"라고 지적한다. 게다가 2011년 기준으로 대한민국의 전체 전기소비량 중에서 산업용 전기소비가 차지하는 비중은 53.2퍼센트에 달한다. 절반 이상인 것이다. 따라서 아무리 주택용 전기소비를 줄여본들, 산업용이 늘어나면 감당이 안 된다.

이렇게 산업용 전기소비가 증가한 이유는 산업용 전기를 싸게 공급하기 때문이다. 심지어 너무 싸게 공급하다 보니 석유(경유, 등유)나 가스에 비해서도 전기가 싸게 되었다. 워낙 싸다 보니 이제는 석유나 가스로 난방을 하는 것이 아니라, 전기로 하게 되었다. 이런 현상을 '전력화' 현상이라고 한다.

2002년부터 2011년까지 가격변동을 비교해 보면, 도시가스는 72퍼센트, 경유는 145퍼센트, 등유는 165퍼센트 가격이 증가한 반면, 전기요금은 21퍼센트 증가하는 데 그쳤다. 기업들의 입장에서는 가격이 싼 에너지원을 택하기 마련이다. 그래서 기업들은 등유를 때서 하던 일까지 전기로 바꿨다. 그 결과 2002년부터 2011년 사이에 등유소비는 52퍼센트 감소한 반면, 전기소비는 68퍼센트 늘어나는 기현상이 일어났다.

## 산업용 전기요금, 얼마나 싸나?

산업용 전기요금이 싸다고 하면, 일부 언론에서는 싸지 않다고 말한다. 과연 어느 것이 진실일까?

2013년 6월 12일 감사원이 발표한 공기업 감사 결과를 보면, 답이 나와 있다. 감사원에 따르면 우리나라의 산업용 전기요금을 100으로 잡았을 때, 일본 244, 독일 214, 영국 174, 프랑스 166이었다(2010년 기준).

우리나라는 심지어 원가 이하로 산업용 전기를 공급해 왔다. 감사원에 따르면 2008년부터 2011년까지 4년 동안 원가 이하로 산업용 전기를 공급함으로써 기업들이 얻은 이득은 5조 23억 원에 달한다. 막대한 특혜를 줘 온 것이다.

전경련 같은 곳에서는 산업용 전기요금을 올리면 기업경쟁력이 떨어진다는 얘기를 한다. 그러나 과연 그게 진실일까?

[그림 3-4] 제조업 제조원가 중 전력비 비중 내역 (1995-2011년)

| | 1995 | 1996 | 1997 | 1998 | 1999 | 2000 | 2001 | 2002 | 2003 | 2004 | 2005 | 2006 | 2007 | 2008 | 2009 | 2010 | 2011 |
|---|---|---|---|---|---|---|---|---|---|---|---|---|---|---|---|---|---|
| 전체 | 1.72 | 1.78 | 1.58 | 1.69 | 1.64 | 1.65 | 1.64 | 1.35 | 1.46 | 1.23 | 1.20 | 1.26 | 1.40 | 1.15 | 1.07 | 1.17 | 1.15 |
| 대기업 | 1.94 | 1.95 | 1.80 | 1.92 | 1.79 | 1.79 | 1.78 | 1.41 | 1.59 | 1.30 | 1.28 | 1.32 | 1.50 | 1.21 | 1.09 | 1.24 | 1.17 |

(단위: %, 한국은행 자료 재구성)
출처: 감사원.

대한민국의 전기요금이 싸다 보니까, 대기업 제조원가에서 전기요금이 차지하는 비중은 오히려 점점 떨어졌다. 1995년 1.94퍼센트를 차지하던 것이 2011년에는 1.17퍼센트까지 떨어졌다. 지금보다 70퍼센트쯤 더 올려도 예전 수준을 회복하는 것에 지나지 않는다. 만약 중소기업들 중에 업종에 따라 전기요금이 많이 부담되는 경우에는 예외를 둬도 될 것이다. 1년에 몇 천억, 몇 조, 심지어 몇 십조 원의 순이익을 올리는 대기업들의 추가이익을 위해 산업용 전기요금을 싸게할 이유는 없다.


## '착한 전기'를 위한 대안은 간단하다

대안은 간단하다. 국·내외에는 이런 대안을 이미 실천하고 있는 사례들도 많다. 정부가 그것을 국민들에게 알려주지 않고 있을 뿐이다.

첫째는 전기소비를 줄이는 것이다. 전기를 절약하는 것도 필요하고, 같은 제품이라도 효율성이 높은 제품으로 교체해서 효율화하는 것도 필요하다. 앞서도 살펴본 것처럼, 산업용 전기소비를 줄이는 것이 가장 큰 숙제이다. 가정용이나 업무용 전기도 줄여야 하지만, 산업용 전기소비 증가를 잡지 못하면 소용이 없다. 그래서 산업용 전기요금을 대폭 올려야 한다. 최소 50퍼센트 이상 올려야 한다. 한꺼번에 올리기 어려우면, 미리 예고를 하고 단계적으로 올리는 방법도 있다.

둘째는 재생가능에너지를 확대하는 등 다른 방식으로 전기를 생산하는 것이다. 2장에서 지역분산형 발전으로 전기를 생산하면 초고압 송전선도 건설하지 않을 수 있다고 설명했다. 지역분산형 발전을 하는 방법으로는 우선 재생가능에너지를 늘려 나가는 방법이 있다. 그리고 과도기적으로는 천연가스 발전소를 활용할 수도 있다. 대한민국에서도 서울시는 이런 노력을 하고 있다. 서울시 안에서 다양한 방식으로 전기생산을 하기 위해 노력하고 있는 것이다. 또한 대기업들은 공장 안에서 자체 발전(자가발전)을 할 수도 있다. 공장 안에 발전소를 만들어서 자기 공장에서 필요한 전기를 생산하는 것이다. 일본의 토요타 자동차 같은 회사는 자기 공장에서 필요한 전기의 30퍼센트 이상을 자체 조달한다. 일본의 경우에는 전체 전기의 20퍼센트 이상을 기업들이 자가발전해서 쓰고 있다. 그런데 대한민국은 한때 10퍼센트대였던 자가발전 비중이 4퍼센트대까지 떨어졌다. 전기요금이 싸기 때문에, 굳이 자가발전을 할 이유가 없는 것이다.

일본은 후쿠시마 이후에 이런 방향으로 나아가고 있다. 후쿠시마 원전사고를 겪기 전에 이렇게 했다면 정말 좋았을 것이다. 지금 하는 것은 '소 잃고 외양간 고치는' 격이기 때문이다. 일본의 경우에는 2011년 여름 수도권의 최대전력사용량(4922만 킬로와트시)이 2010년(5999만 킬로와트시)에 비해 18퍼센트나 줄었다. 기업들이 전기소비를 대폭 줄였기 때문이다. 일본 정부는 이를 위해 2011년 7월 1일부터 대기업을 중심으로 전력소비를 전년대비 15퍼센트 줄이도록 강제하는 전력사용 제한령을 발동했다. 그에 따라 토요타 등 자동차 업계를 비롯한 일부 대기업들은 목·금요일에 쉬고 토·일요일에 공장을 가동하거나, 출퇴근 시간을 조정하는 등 근무형태도 바꾸었다. 전등을 에너지 효율이 높은 발광다이오드LED 전등으로 교체하거나 냉방온도를 조절하기도 했다. 이렇게 전력소비를 줄이는 것은 충분히 가능한 일이다.

그리고 일본은 재생가능에너지를 공격적으로 늘리고 있다. 일본에서 추진중인 재생가능에너지 프로젝트는 70기가와트GW에 달한다. 1,000메가와트(=1GW)급 원전 70기 분량에 해당한다. 대부분이 태양광이다. 그리고 후쿠시마 앞바다에서는 해상풍력 프로젝트도 추진중에 있다.

지역분산형 에너지가 원전에 비해 비싼 것도 아니다. 후쿠시마 이후 일본 정부가 운영한 '발전단가 검증위원회'의 검증 결과에 따르면, 2010년 기준으로 원자력발전 단가는 킬로와트시당 8.9엔, 석탄 화력 9.5엔이었고, LNG화력 10.7엔과 큰 차이가 나지 않았다. 재생가능에너지의 경우 풍력과 지열발전은 이미 경제성이 원전과 겨룰 수 있는 수준인 것으로 나타났고, 태양광은 향후 발전단가가 절반 이하로 떨어질 가능성이 높아서 2030년이 되면 원전과 경제성에 차이가 없는 것으로 나타났다. 다른 연구결과들 중에는 이미 태양광이 원전보다 더 싸다는 결과도 있다.

**세계적으로 원전과 석탄화력을 줄여나가고 있다**

재생가능에너지는 기술발전에 따라서 발전단가가 계속 하락하고 있다. 그래서 이미 세계적인 대세는 재생가능에너지로 기울어졌다. 유럽의 경우에는 2000년부터 2013년 사이에 새롭게 만들어진 발전 설비 중에 풍력이 105기가와트, 천연가스 발전이 103기가와트, 태양광이 80기가와트에 달했다. 반면에 원전은 13기가와트 줄었고, 석탄화력발전소도 19기가와트 줄어들었다. 석유발전도 24기가와트 줄어들었다.

2020년이 되면 유럽 전체 전기의 32퍼센트를 재생가능에너지가

[그림 3-5] 풍력, 태양광, 원전의 발전설비 증가 추세 (2000-2013년)

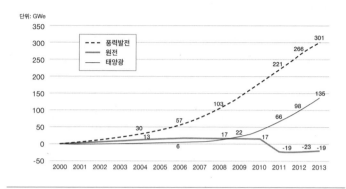

출처: 「세계핵산업동향보고서」, 2014.

공급하게 될 것이라는 전망도 나오고 있다.

세계적 추세도 마찬가지이다. [그림 3-5]를 보더라도, 원전의 쇠락과 재생가능에너지의 약진이 눈에 띄게 보인다. 2000년부터 2013년까지 재생가능에너지와 원전의 발전용량 변화를 보여주는 그래프이다. 이 기간 동안에 풍력은 매년 25퍼센트씩 성장했고, 태양광PV은 43퍼센트씩 늘어났다. 반면 원전은 0.4퍼센트 감소했다.

국가별 동향을 보면, 전력소비량 세계 8위인 대한민국은 재생가능에너지에 대해 매우 소극적이지만, 다른 국가들은 매우 적극적으로 투자를 늘리고 있다. 2011년부터 2013년까지 청정에너지(거대한 댐을 통한 수력발전은 제외)에 대한 투자액 1위는 중국, 2위는 미국이다. 중

[그림 3-6] 청정에너지 투자 상위 10개국 (2013년 기준)

| 국가 | 투자액 (단위: 10억 달러) | | |
|------|-------|-------|-------|
| | 2013년 | 2012년 | 2011년 |
| 중국 | 54.2 | 67.7 | 45.5 |
| 미국 | 33.9 | 44.2 | 48.1 |
| 일본 | 28.6 | 16.3 | 8.6 |
| 영국 | 12.1 | 8.3 | 9.4 |
| 독일 | 9.9 | 22.8 | 30.6 |
| 캐나다 | 6.4 | N/A | 5.5 |
| 인도 | 6.0 | 4.5 | 10.2 |
| 남아프리카 | 4.9 | 5.5 | 0.03 |
| 호주 | 4.4 | N/A | N/A |
| 이탈리아 | 3.6 | 14.7 | 28 |

출처:「세계핵산업동향보고서」, 2014.

국은 원전을 다수 짓고 있는 국가이고, 미국은 세계에서 가장 많은 원전을 보유하고 있는 국가이다. 그러나 이들 국가들도 재생가능에너지에 대해 적극적으로 투자하고 있다. 중국은 원전을 늘리고는 있지만, 이미 풍력으로 생산하는 전기가 원전에 비해 훨씬 많은 국가이다.

앞서 언급한 것처럼 일본도 2011년 후쿠시마 사고 이후에 재생가능에너지 투자가 대폭 늘어나고 있다.

[그림 3-6]에서 언급은 안 되어 있지만, 재생가능에너지로 생산하는 전기가 거의 100퍼센트를 차지하는 나라도 있다. 예를 들면 아이슬란드 같은 나라는 수력발전과 지열발전으로 필요한 전기의 대부분을 해결하고 있다. 노르웨이 같은 나라도 98퍼센트의 전기를 수력으로 해결하고 있다. 오스트리아는 원전 한 개를 다 지어놓고도, 국민투표를 해서 그 원전을 가동하지 않기로 결정한 나라이다. 오스트리아는 전기의 68퍼센트를 수력발전으로 해결하고 있다. 우리는 수력발전이라고 하면, 거대한 댐을 떠올리지만, 댐을 짓지 않고도 수력발전을 하는 기술도 개발되어 있다.

대한민국은 원전과 석탄화력발전소 의존도가 매우 높고 재생가능에너지 비중이 세계에서도 가장 낮은 편에 속한다. 2012년 기준으로 원전은 우리나라 전체 전기의 29.6퍼센트 가량을 담당한다. 그보다 좀더 큰 비중을 차지하는 것이 석탄화력발전소이다. 2012년 기준으로 석탄화력발전소의 발전량은 전체 전기의 39.4퍼센트를 차지했다. 그 다음에 천연가스(LNG)발전 24.9퍼센트, 석유발전 3.1퍼센트 순이었다. 신재생에너지가 차지하는 비중은 2.3퍼센트에 불과했다. 그러나 앞으로는 원전과 석탄화력발전을 줄이고 재생가능에너지를 늘려나가야 한다. 이미 그런 길을 가고 있는 유럽의 국가들을 따라가면 된다. 심지어 미국도 재생가능에너지로 생산하는 전기가 원전 전기를 넘어섰다.

## 서울이 전력자급도를 올려야

후쿠시마 이후 국내에서도 변화의 조짐은 있다. 서울시는 '원전 한 개 줄이기'를 정책사업으로 하고 있다. 앞에서 얘기한 것처럼, 전기소비를 줄여나가고 서울 내에서도 발전을 하겠다는 것이다. 그것을 통해 서울시의 전력자급률을 올리겠다는 것이다. 박원순 서울시장이 취임한 이후에 시작된 '원전 한 개 줄이기'는 이미 어느 정도 성과를 내고 있다.

서울의 전력자급률은 2011년 2.8퍼센트에서 2013년 4.2퍼센트로 올라섰다. 서울시는 2020년까지 전력자급률을 20퍼센트로 끌어올리겠다는 계획이다. 온실가스도 1천만 톤 감축하겠다는 목표를 세우고 있다.

서울시가 전기소비를 줄이기 위해 추진하고 있는 정책 중에는 가정과 점포의 에너지소비를 무료로 진단하고 컨설팅해주는 사업, 건물에서 쓰는 에너지를 효율화하는 단열개선 사업, LED 조명 보급사업(2012년부터 2014년까지 679만 개 보급) 등이 있다. 서울시는 서울시 내 지하철 역사의 43만 개 조명을 모두 LED로 교체했다. 절전을 실천하는 에너지자립마을을 만드는 사업도 한다. 신축건물의 경우에 설계단계부터 에너지 절약형 건물로 지어지도록 하는 것도 추진하고 있다. 이런 정책을 통해 2013년 전국 평균 전력사용량은 1.8퍼센트 증가했지만, 서울시는 1.4퍼센트 감소한 것으로 나타났다.

서울시 내에서 전기를 생산하는 것도 다양하게 시도되고 있다. 태양광발전소를 곳곳에 설치하고, 아파트가 많은 서울의 특성을 살려 아파트 베란다에 걸 수 있는 미니 태양광발전기(250와트)도 설치를 지원하고 있다. 서울시는 미니 태양광발전기를 2018년까지 4만 개 보급할 예정이다. 태양광발전기를 설치하는 학교도 2018년까지 500개로 늘린다는 계획이다. 연료전지, 가스복합발전 등도 추진하고 있다.

서울시의 발전방식 중에서는 흥미로운 것들도 많다. 서울시는 2014년 팔당호에서 끌어오는 상수도관의 낙차를 이용해 소수력발전을 시작했다. '암사 아리수 정수센터'에서 노량진배수지로 상수도가 흘러갈 때의 낙차(24미터)를 이용한 발전방식이다. 이 발전소에서 466가구가 1년간 사용할 수 있는 전기를 생산할 수 있다. 버리는 물인 하수를 이용해서도 소수력발전을 시작한다고 한다. 2미터 미만의 저낙차에서 유속과 유량을 이용해 수차를 회전시켜 전기를 생산하는 '저낙차 흐름식 발전기' 방식이다. 4곳의 물재생센터에서 530가구가 1년간 사용할 수 있는 전기를 생산한다고 한다.

하수 슬러지나 쓰레기에서 나오는 바이오가스도 전기생산에 활용할 수 있다. 하수 슬러지나 쓰레기에서는 메탄가스 등이 나오는데 그 가스를 모아 연소해 발전을 하는 것이다. 전기생산과 함께 남은 열은 난방용으로 공급한다. 열병합발전을 하는 것이다. 서울시는 '서남 물

재생센터'의 하수 슬러지를 활용해서 열병합발전을 추진하고 있다. 이미 난지도 쓰레기 매립장에서도 메탄가스를 모아서 열병합발전을 하고 있다.

이런 서울시의 정책방향은 올바른 것이다. 유럽의 많은 도시들이 하고 있는 방식이기도 하다. 그러나 아직 갈 길이 멀다. 서울시의 전력 자급률은 2013년에 겨우 4.2퍼센트였다. 올랐다고 하지만, 아직 한 참 멀었다. 서울시가 더욱 강력한 정책을 펼쳐 서울의 전력자급률을 올리면 외부에서 끌어오는 전기가 그만큼 줄어들 수 있다. 그것이 바 닷가에 원전과 석탄화력발전소를 더 짓지 않게 만들고, 밀양 송전탑 과 같은 비극이 다시 일어나지 않게 하는 길이다.


**최대 소비 경기도, 억울한 지역들**


서울은 박원순 시장이 '원전 한 개 줄이기'를 정책으로 펴고 있지 만, 경기도는 감감무소식이다. 아예 에너지 정책이라고 할 만한 것이 변변하게 없는 실정이다. 그런데 경기도는 우리나라 광역지방자치단 체 중에서 압도적으로 전력소비가 많은 곳이다. 물론 경기도의 가정 家庭 탓은 아니다. 경기도에 있는 대기업들의 큰 공장들 탓이 크다.

경기도에는 발전소도 꽤 있다. 원전은 없지만, 화력발전소들이 주된 발전소이다. 그러나 경기도의 전력자급률은 28.5퍼센트에 불과하다(2013년 기준). 따라서 경기도가 전력자급률을 50퍼센트 정도로만 올려도 바닷가에 대규모 발전소를 지어서 장거리 송전을 해야 할 필요성은 확실하게 사라진다. 경기도 동부지역(양평, 여주, 이천, 광주 중 1군데)에 지으려고 하는 신경기변전소와 동해안의 신울진원전에서 그곳까지 건설하려는 76만5천 볼트 송전선도 확실하게 필요 없게 된다.

[그림 3-7]에서 서울, 경기 외에도 전력자급률이 낮은 곳들이 있다. 그곳들도 다른 지역에 피해를 주고 있는 셈이다.

반면에 인천, 충남, 경남, 부산, 경북 같은 곳은 전력자급률이 100퍼센트를 넘는다. 자기 지역에서 필요한 것보다 더 많은 전기를 생산해서 다른 지역으로 보내주는 역할을 하는 것이다. 인천의 경우에는 수도권이지만, 서울과 경기에 전력을 공급해주는 역할을 한다. 그런데도 인천 앞바다에 영흥화력발전소를 추가로 건설하려고 해서 논란이 되고 있다. 영흥화력 7, 8호기를 석탄화력발전소로 짓기로 해서 지역주민들이 반발하고 있는 것이다. 환경부는 천연가스발전소로 지으라고 하는데, 산업통상자원부와 남동발전 주식회사는 석탄을 고집하고 있다.

지역에서 노력할 부분도 있지만, 한계도 있다. 대한민국의 전력정책을 좌지우지하는 것은 중앙정부이기 때문이다. 규제권한도 그렇고 지원을 하는 것도 그렇고, 지방정부가 할 수 있는 것은 한계가 있다. 그

[그림 3-7] 16개 광역도시별 전력자급률

| | 소비량(TWh) | 자급률(%) | | 소비량(TWh) | 자급률(%) |
|---|---|---|---|---|---|
| 경기 | 100 | 28.5 | 전북 | 21 | 36.2 |
| 서울시 | 47 | 4.2 | 충북 | 21 | 5.9 |
| 경북 | 45 | 156.7 | 부산시 | 21 | 172.7 |
| 충남 | 44 | 266.9 | 강원 | 16 | 72.8 |
| 경남 | 33 | 226.0 | 대구시 | 15 | 1.8 |
| 울산시 | 29 | 49.8 | 대전시 | 9 | 2.6 |
| 전남 | 28 | 226.3 | 광주시 | 8 | 1.7 |
| 인천시 | 23 | 337.2 | 제주 | 4 | 79.7 |

(2012년 기준, 전력자급률=전력생산량÷전력소비량)
출처: 현대경제연구원, 『국내 전력수급의 구조적 문제점 및 개선방안』, 2013.

래서 국가 차원의 전환이 필요하다.

그러나 지역에서의 노력은 국가 차원의 전환을 하는 데 모델이 되기도 하고, 그것을 보다 앞당기는 효과가 있다. 독일의 경우에도 국가적으로 탈핵을 결정하기 전에 지역에서부터 다양한 모델들을 만들려는 노력이 있었다. 그런 노력들이 뒷받침되어 국가적 탈핵 결정이 가능했다. 그래서 지역에서 전력자급률을 높이려는 노력은 매우 중요하다.

## 문제는 정치야

국가든 지역이든 전력정책과 관련된 의사결정은 결국 정치의 영역에서 내려진다. 특히 중앙정부가 권한을 틀어쥐고 있는 상황에서는 국가 차원의 정치가 매우 중요하다.

대한민국의 경우, 전기요금을 결정하는 것은 중앙정부이다. 발전소 건설허가를 내주는 곳도 중앙정부이다. 어떤 발전방식을 지원할 것인지를 판단하고, 막대한 돈을 지원해주는 곳도 중앙정부이다. 1장에서 설명한 엉터리 전력수급기본계획을 짜는 곳도 중앙정부이다.

정부의 정책을 바꾸려면 결국 정치의 역할이 중요하다. 대통령, 국회의원 같은 선출직들이, 그리고 시민들의 정치적 힘이 정책의 방향을 바꾸지 않으면, 이권에 찌든 지금의 시스템은 그대로 유지될 수밖에 없다.

지금 대한민국의 기득권 정치는 전기소비를 많이 하는 대기업들의 이권, 발전소 짓고 송전선 건설해서 돈 버는 집단들의 이권에서 자유롭지 못하다. 그래서 대안이 있음에도 불구하고, 계속 잘못된 방향의 정책들이 펼쳐지고 있는 것이다.

대한민국에서 녹색당을 창당하게 된 것도 정치를 통하지 않으면 문제를 풀 방법이 없기 때문이다. 전 세계에서 핵발전을 멈춘 국가는 선거를 통해서 녹색당 같은 탈핵 정치세력이 힘을 얻은 경우이거나 국민투표를 실시한 경우뿐이다.

선거 과정에서의 정책합의를 통해 탈핵을 한 대표적인 국가는 독일이다. 독일의 경우에는 1998년 사민당-녹색당 연립정부가 집권하면서 연정 합의문에서 "핵발전은 최대한 조속히 종료한다"고 명시했다. 당시에 독일 녹색당은 연정의 조건으로 탈핵을 요구했고, 사민당은 집권을 위해 이를 받아들일 수밖에 없었다.

선거를 통해서 탈핵을 이끌어낸 또 다른 국가로는 벨기에가 있다. 벨기에의 경우에 전기의 54퍼센트까지를 핵발전소가 공급했으나, 2025년까지 핵발전소 가동을 모두 끝내기로 했다. 벨기에에서는 1999년 총선 직후에 녹색당이 연정에 참여하면서, 연립정부가 탈핵계획을 입안했고 2003년 탈핵 법률을 통과시켰다. 2014년 9월에는 스웨덴이 올해 9월 총선을 치른 후에 사민당-녹색당 연립정부가 들어서면서, 신규 핵발전소 건설을 불허하고 핵발전 비중을 점진적으로 축소하기로 발표했다.

이런 외국의 사례들이 주는 시사점은, 비록 소수정당이라 하더라도 확고한 탈핵 의지를 갖고 있는 정치세력이 있으면, 선거 과정에서 탈핵을 현실로 만들 수 있다는 점이다.

필요하면 국민투표를 할 수도 있다. 시민들은 올바른 정보만 접할 수 있으면 현명한 판단을 내릴 수 있다. 핵발전소는 경험적 사고확률이 100분의 1을 넘는 위험한 시설이다. 최소 20만 년 이상을 보관해야 하는 핵폐기물(사용후 핵연료)이 나오고, 수명이 끝나서 폐쇄하려면 많은 돈과 시간이 든다. 재생가능에너지나 다른 발전 기술들이 발전하면서 핵발전은 경제성도 없어지고 있다. 이런 정보들을 국민들이 접하지 못해서 그렇지, 접할 수만 있으면 핵발전에 찬성할 사람은 별로 없을 것이다. 실제로 국민투표로 탈핵을 결정한 국가들도 있다. 1978년 국민투표를 통해, 다 지은 핵발전소를 가동하지 않기로 한 오스트리아 같은 사례가 있다. 이탈리아의 경우에도 2차례의 국민투표를 거쳐 핵발전을 폐기했다.

대한민국에서도 '탈핵'을 거론하는 정당이나 정치인들도 생겨나고 있다. 그러나 중요한 것은 진정성이다. 뒤에서 얘기할 대안들, 특히 "산업용 전기요금 50퍼센트 이상 인상" 같은 대안들을 얘기하지 않으면서 말로만 탈핵을 언급하는 것은 진정성이 없다. 전기소비를 억제하기 위한 강력한 정책을 펴지 않고서 탈핵은 어렵기 때문이다.

'기후변화'도 정치적 문제이다. 온실가스 배출을 줄이는 것이 정치에서 얼마나 중요한 의제로 다뤄지느냐에 많은 것이 달려 있다. 흔히 핵발전을 하는 명분으로 "원전은 온실가스 배출을 적게 한다"는 것을 들기도 하는데, 현실을 보면 그렇지 않다. 핵발전을 늘리려고 하는 나라는 온실가스 배출도 많이 한다. 대한민국, 중국, 인도 같은 나라들이 그렇다. 이 나라들의 특징은 전기소비가 많이 증가해 온 나라들이다. 전기소비를 늘리다 보면 핵발전소도 많이 짓고 석탄화력발전소도 많이 짓게 되어 있다. 그래서 온실가스도 많이 배출한다.

반면에 핵발전을 줄이는 나라는 온실가스 배출도 줄여나간다. 전반적으로 전력소비를 줄이고 재생가능에너지를 늘리기 때문에 핵발전도 억제하지만, 석탄화력발전소도 억제하기 쉬운 것이다. 독일 같은 경우가 대표적이다.

온실가스 배출량 세계 7위 국가인 대한민국은 '기후변화' 문제가 정치의 장에서 아예 거론되지 않는 국가 중 하나이다. 그래서 무분별하게 석탄화력발전소들이 들어서고 있다. 인근 주민들에게 미치는 건강상, 환경상의 피해가 크지만, 그것조차도 이슈가 되지 않는다. 이제는 오직 대기업들의 이윤만을 위해 석탄화력발전소를 지어대는 것을 중단해야 한다.

핵발전소와 석탄화력발전소 같은 대규모 발전소를 짓지 않으면 자연스럽게 송전탑 문제도 해결된다. 탈핵-탈석탄화력-탈송전탑은 하나의 묶음이다.


## 착한 전기를 위한 다섯 가지 대안

'착한 전기'란 남에게 피해를 입히지 않고 미래세대에 부담을 떠넘기지 않는 전기를 말한다. 아주 상식적인 얘기다. 그렇다면 지금 쓰고 있는 전기는 '나쁜 전기'라는 말이냐고 물어볼 수 있다. 역시 '그렇다'고 대답할 수밖에 없다. 핵발전, 석탄화력발전, 초고압 송전선에 의존해서 쓰는 전기는 누군가의 눈물과 고통이 묻어 있는 전기이다. 현 세대와 미래세대 모두 핵발전의 위험과 기후변화의 위험에 빠뜨리는 것이다. 특히 전기를 써 보지도 못한 미래세대가 더 큰 피해를 입는 것이다.

이런 식으로 살지 않을 수 있다. 그것을 위해 해야 하는 일, 다섯 가지를 꼽으면 아래와 같다.

첫째, 탈핵-탈석탄화력-탈송전탑을 위한 전력수급기본계획, 국가에너지기본계획을 만들고 관련 법제도를 바꿔야 한다. 이제는 지역분산형 발전 체계로 가자는 것이다. 계획을 짜는 과정에서 전력정책심의회 같은 형식적 기구는 없애고, 시민들의 참여를 보장해야 한다.

해외의 사례를 보면, 추첨제로 뽑힌 시민들이 전문가들의 도움을 얻어 특정한 의제에 관한 개혁안을 만든 사례들이 있다. 시민의회 citizen's assembly라고 하는 방식이다. 이해관계로 얽힌 전문가보다는 이해관계가 없는 시민들이 훨씬 더 좋은 판단을 할 수 있다. 필요한 정보는 전문가들의 도움을 얻으면 된다. 이런 식으로 시민의회를 구성해서 전력과 관련된 기본계획을 짜 볼 수도 있다.

꼭 이런 방식이 아니더라도 시민들의 참여를 보장하는 방식은 다양하게 있을 수 있다. 시민들이 전력소비를 앞으로 얼마나 줄여나갈지, 그에 맞춰 핵발전소와 석탄화력발전소, 송전선은 언제까지 얼마나 줄여나갈지를 토론해서 정할 수 있다. 큰 틀을 시민들이 정하면, 세부적인 것은 전문성이 있는 사람들이 작업하여 시민들의 검증을 다시 받으면 된다.

1장에서 본 것처럼 「6차 전력수급기본계획」은 완전히 엉터리이다. 전력수급기본계획은 구속력이 없는 '행정계획'이므로, 시민들이 참여해서 새로운 계획을 짜면 그것으로 대체할 수 있다. 따라서 과거와 같은 방식으로 정부가 추진중인 「7차 전력수급기본계획」은 중단하고, 7차 계획부터 시민들이 참여하는 계획, 그리고 탈핵-탈석탄화력-탈송전탑의 계획으로 만들어야 한다. 그리고 앞으로 만들 「3차 국가에너지기본계획」에서 탈핵의 시점을 못 박아야 한다.

관련된 법률들도 개정해야 한다. 녹색당은 "2030년까지 탈핵"을 주장하고 있다. 이를 뒷받침하는 탈핵·에너지전환기본법의 제정도 주장하고 있다. 앞서 언급한 일본의 사례 등을 보면, 2030년 탈핵은 충분히 가능한 일이다.


둘째, 산업용 전기요금을 대폭 현실화해야 한다. 그 외의 전기요금도 개편을 검토해야 하지만, 분명한 것은 산업용 전기요금부터 대폭 올려야 한다는 것이다. 최소 50퍼센트 이상 올리는 것이 맞다. 그렇게 해도 일본이나 독일, 영국, 프랑스에 못 미치는 수준이다. 전경련은 산업용 전기요금을 올리면, 기업이 큰 타격을 입을 것처럼 호들갑을 떨지만, 그것은 사실이 아니다. 국책연구기관인 환경정책·평가연구원이 2012년 펴낸 『자원·환경위기 시대에 대비한 에너지 가격 개편 추진전략 연구』라는 보고서에 따르면, 산업용 전기요금을 1퍼센트 인상한다고 했을 때, 기업의 수익성에 미치는 영향은 0.05퍼센트에 불과한 것으로 나타났다. 전기요금을 50퍼센트 인상한다고 해도, 기업의 수익성에 미치는 영향은 2.5퍼센트에 불과한 것이다. 1년에 몇 십조 원의 순이익을 올리는 삼성전자 같은 회사가 몇 천억 원의 전기요금을 더 낸다고 해서 망하지 않는다. 그동안 환경비용, 사회적 비용을 발생시키면서 전기를 싸게 쓰는 특혜를 누려왔는데, 이제는 그런 비정상적 상태를 '정상화'하자는 것일 뿐이다.

그리고 전기요금을 50퍼센트 올린다고 해서 기업들이 50퍼센트만큼 전기요금을 더 내는 것도 아니다. 전기요금이 오르면 기업은 '에너지 효율성 강화' 같은 조치를 통해 전기소비량을 줄이려고 스스로 노력할 것이기 때문이다. 지금까지 싼 산업용 전기를 공급해 온 것은 기업들에게 '마약'을 줘 온 것이나 마찬가지이다. 세계적으로 에너지를 적게 쓰고 효율적으로 쓰는 것이 대세이다. 그런데 대한민국 기업들은 그런 흐름을 쫓아가지 못하고 있다. 산업용 전기요금을 최소 50퍼센트 이상 올리되, 한꺼번에 올리지 않고, 단계적으로 올릴 수도 있다. 그러면 충격도 덜할 것이다. 5년 후에는 50퍼센트까지 올린다고 예고하고, 매년 10퍼센트씩 올리는 방법도 있는 것이다.

셋째, 재생가능에너지를 대폭 늘릴 수 있는 정책을 펴야 한다. 재생가능에너지로 생산되는 전기를 원가와 일정수익을 보장하고 매입하는 발전차액지원제도FIT 제도를 부활해야 한다. 우리나라에서도 발전차액지원제도를 실시한 적이 있지만, 2012년부터 폐지된 상태이다. 이 제도를 부활해야 한다. 발전차액지원제도에 들어가는 재원은 산업용 전기요금 인상분 등으로 마련하면 된다.

그리고 핵발전으로 가는 연구개발예산을 재생가능에너지로 돌려야 한다. 한국연구재단을 통해 지원되는 연간 3,000억 원을 포함해서, 핵발전 쪽으로 지원되는 연구개발예산은 한 해 5,000억 원을 넘을 것으로 추산된다. 이 돈을 재생가능에너지로 돌려서 기술개발에 박차를 가해야 한다.

넷째, 지역별 전력자급률을 올리는 정책을 펴야 한다. 이것은 중앙정부도 해야 하고 지방자치단체도 해야 하는 일이다. 이미 서울시가 하고 있는 '원전 하나 줄이기' 같은 사례도 있다. 중앙정부는 지방자치단체가 이런 일을 할 수 있도록 권한을 주고 재정을 배분해야 한다. '에너지 분권'을 해야 하는 것이다. 그리고 지방자치단체가 지역별 전력자급률을 올리는 정책을 수립하도록 의무화해야 한다. 지방자치단체는 자기 지역에 맞게 전력소비를 줄이는 것과 지역분산형 발전을 늘리는 계획을 수립하고 실행해야 한다.

다섯째, 밀양과 청도 등 송전탑 피해를 낳은 3대 악법을 개정하고, 지역별 차등요금제 도입을 검토해야 한다. 3대 악법이란 전원개발촉진법, 전기사업법, 송·변전시설 주변지역 보상 및 지원에 관한 법률(일명 '송주법')을 말한다. 이 법률들은 송전선과 발전소 건설을 비민주적으로 밀어붙일 수 있도록 뒷받침하는 법률들이다.

1978년 만들어진 전원개발촉진법은 인·허가 의제 조항과 토지강제수용 조항 때문에 주민들의 반발을 사 왔다. 전원개발촉진법에 따르면, 발전소나 송전탑에 대한 '실시계획 승인'이라는 것을 받는 순간에 20개 법률에 따르는 인·허가 절차가 생략된다. 그리고 지역주민들이 반발하면 토지를 강제수용할 수 있도록 되어 있다. 법조항이 이렇게 되어 있으니, 평생 농사지어 온 땅을 한순간에 뺏기는 경우들이 나올 수밖에 없다. 경남 밀양에서 2012년 1월에 분신자살한 농민은 결국 이 전원개발촉진법이 만든 희생자인 것이다.

그러다 보니 한국전력의 사업추진 방식은 매우 비민주적이다. 산업통상자원부 장관의 실시계획 승인만 받으면 되기 때문에, 지역주민들의 의견을 수렴하는 것은 시늉만 해왔다. 주민들에게 적극적으로 정보를 알리고 설득하기보다는 형식적이고 졸속적인 주민설명회를 거쳐 사업을 강행하기에 바빴다. 밀양, 청도 등의 지역에서도 형식적인 주민공청회를 거쳐 일방적인 정부의 실시계획 승인과 토지수용이 이어졌고, 지역주민들의 의견은 묵살되었다. 이런 전원개발촉진법은 마땅히 폐지해야 한다.

그리고 전력수급기본계획 등을 수립하는 근거인 전기사업법도 대폭 개정이 필요하다. 앞서 언급한 것처럼 시민들의 참여가 보장되는 전력수급기본계획이 되어야 한다. 그리고 각종 계획 수립과 인·허가, 입지선정, 분쟁조정 등을 담당하는 전기위원회를 독립기구화하는 것도 필요하다. 그래서 발전소나 송전선 건설의 타당성을 객관적으로 검증하도록 하자는 것이다.

마지막으로 송주법이 있다. 지금의 송주법은 송전선 피해를 보상하기에는 너무 미흡하다. 기존에 이미 건설한 송전선 지역은 보상대상에서 아예 제외해 놓았고, 15만4천 볼트 송전선도 보상대상에서 제외되어 있다. 보상범위도 매우 비현실적이다. 그래서 실질적인 피해조사와 보상이 가능하도록 송주법을 전면 개정해야 한다.

송전선 지중화를 요구하는 주민들의 지중화 요구도 받아주고 보상도 제대로 하려면 돈이 필요하다. 이 돈은 전기를 생산하지 않으면서 많이 소비하기만 하는 대도시와 대공장에서 부담하는 것이 옳다. 그래서 지역별 차등요금제 도입을 검토해야 한다. 송전에 들어가는 비용을 제대로 계산해서, 장거리 송전을 통해 전기를 공급받는 곳에 부담시키자는 것이다. 이렇게 하면 지역분산형 발전을 촉진하는 효과도 있다. 대공장들은 산업용 전기요금 인상과 지역별 차등요금의 부담 때문에라도, 자체 발전(자가발전)을 차츰 늘리게 될 것이다. 대도시도 전력자급률을 높이기 위해 더 노력하게 될 것이다.

이런 대안들이 존재한다. 그리고 이 대안들을 검토하기 위해서라도 지금 추진하고 있는 신규 발전소, 송전선들은 재검토해야 한다. 마구잡이로, 일방적으로 추진해서는 안 된다.

이런 정책은 일부 대기업들과 핵마피아, 전력마피아를 위한 특혜-이권 구조를 해체하는 길이기도 하고, '에너지 민주주의'를 실현하는 길이기도 하다. 전기를 쓰되, 정의롭고 지속가능한 전기를 쓰는 길이기도 하다.

**무엇을 할 것인가?**

이런 변화를 바라는 사람들이라면 할 일이 있다. 내가 움직이지 않는데, 세상이 변하기를 바랄 수는 없다. 그리고 지금의 상황은 그렇게 여유 있는 상황이 아니다.

대한민국 핵발전소들은 언제 사고가 나도 이상하지 않을 정도의 상황이다. 수명이 끝났는데 연장가동을 하려 하고(고리 1호기, 월성 1호기), 핵심부품에 결함들이 발견되고, 원전을 둘러싼 비리도 만연해 있다. 따라서 탈핵은 먼 미래에 이루려 할 것이 아니라, 당장 시작해야 하는 긴급한 과제이다.

영화 〈인터스텔라〉의 배경이 된 암울한 현실은 언제 우리에게 닥칠지 모른다. 전문가들 중에는 10년 후가 될지, 20년 후가 될지만 남았다고 말하는 사람도 있다. 이것을 막으려면 석탄, 석유 같은 화석연료의 사용을 줄여야 한다. 전기생산을 위해 쓰는 석탄부터 줄여야 한다.

송전탑은 시골 주민들에게 일방적으로 피해를 입히는 것이다. 그 전기를 쓰면서 양심의 가책을 느끼지 않을 수 없다. 대공장과 대도시가 쓰는 전기 때문에 시골 주민들이 절규하는 것을 더는 지켜볼 수 없다.

이런 마음을 가진 사람이라면, 2016년 총선과 2017년 대선을 거치면서 대한민국이 지역분산형 발전으로 전환하고, 탈핵-탈석탄화력-탈송전탑의 방향으로 나아갈 수 있도록 행동해야 한다.


첫째, 많이 알려야 한다. 이 책의 내용을 주위 사람들에게 알리고, 인터넷에 있는 영상도 활용할 수 있다. 유튜브에서 탈핵, 탈원전, 송전탑 등의 키워드를 쳐 보면, 좋은 영상들이 많이 있다. 다큐멘터리나 영화도 많이 나와 있다. 책과 영상을 통해 최대한 많은 사람들이 진실을 알 수 있도록 알려야 한다.

녹색당은 '탈핵 메신저'(가칭)를 모으는 일도 계획하고 있다. 이런 일을 할 사람들이 개별적으로 흩어져 있는 것이 아니라, 서로 연결되고 힘을 모아야 하기 때문이다. 이런 일에 참여하고자 하는 사람들은 녹색당으로 문의해 주시길 바란다.


둘째, 2015년에는 행동해야 한다. 작은 촛불문화제도 좋고, 1인 시위도 좋다. 사이버 행동도 좋다. SNS에 이런 내용을 계속 올려도 좋다. 자기가 사는 지역, 자기가 다니는 학교, 자기가 속한 모임 사람들과 의논해서 작은 행동이라도 조직하자. 그리고 집회에도 참여하는 것이 필요하다. 전국적으로나 지역에서 크게 모이는 집회는 2015년에 몇 차례 잡힐 것이다. 이때에 적극적으로 참여하자.

일본은 후쿠시마 핵발전소 사고가 난 이후에야 10만 명이 넘게 모였다. 그러나 이미 사고가 난 후에 움직여봐야 한계가 있다. 독일 같은 나라는 직접 사고를 겪지 않았지만, 핵발전에 반대하는 집회에 수십만 명이 모인다. 대한민국은 후쿠시마 이후에도 1만 명은커녕, 5천 명도 모인 적이 없다. 집회는 시민들의 뜻을 표명하는 좋은 기회이다. 2015년에는 큰 집회를 열어보자. 그리고 적극 참여하자.

셋째, 2016년 총선, 2017년 대선에서 탈핵 정치세력에 힘을 실어줘야 한다. 녹색당은 2016년 총선에서 반드시 국회의원을 내겠다는 계획을 세우고 있다. 그리고 그 힘을 바탕으로 대선에서 탈핵을 진정성 있게 공약으로 내건 후보를 꼭 당선시키려고 한다. 꼭 녹색당이 아니더라도, 정당과 후보 중에서 누가 탈핵에 적극적인지를 따져서 투표해야 한다. 결국에 이 문제는 정치에서 결정될 수밖에 없다.

희망이 보이지 않는 시대라고 한다. 그러나 나는 희망의 씨앗을 본다. 밀양과 청도의 할머니들이 희망의 씨앗이다. 이분들 덕분에 나는 이 잘못된 시스템의 본질을 깨닫게 되었다. 그리고 대안도 찾게 되었다.

'착한 전기'는 가능하다. 분명히 가능하다. 그러나 그 가능성은 저절로 현실화되는 것은 아니다. 내가 움직이고, 우리가 움직여야 한다. 그것은 때로는 수고로울 수 있지만, 그것이 인간답게 사는 길이고, 우리의 안전과 미래를 지키는 길이고, 희망을 만드는 길이라고 믿는다.

우리가 몰랐던 전기 이야기
# 착한 전기는 가능하다

초판 1쇄 발행  2015년 1월 16일
초판 3쇄 발행  2017년 7월 10일

지은이  하승수
펴낸이  오은지
책임편집  변홍철
디자인  박대성 이수정
펴낸곳  도서출판 한티재 | 등록 2010년 4월 12일 제2010-000010호
주소  706-821 대구시 수성구 달구벌대로 492길 15
전화  053-743-8368 | 팩스  053-743-8367
전자우편  hantibooks@gmail.com | 블로그  www.hantibooks.com

ⓒ 하승수 2015
ISBN  978-89-97090-41-9 04300
ISBN  978-89-97090-40-2 (세트)

이 도서의 국립중앙도서관 출판예정도서목록(CIP)은 서지정보유통지원시스템
홈페이지(http://seoji.nl.go.kr)와 국가자료공동목록시스템(http://www.nl.go.kr/kolisnet)에서
이용하실 수 있습니다. (CIP제어번호: CIP2014038304)